Bärbel Oftring

Wunder Tier
750 spannende Quizfragen

KOSMOS

Umschlaggestaltung von Eva Salzgeber, unter Verwendung von Fotos von zefaimages / zefa: P. Freytag (oben) und H. Kehrer(unten)

Bildnachweis Innenseiten
John Foxx Images Collection / Dynamic Graphics

Bibliografische Information der Deutschen Bibliothek
Die Deutsche Bibliothek verzeichnet diese Publikation in der
Deutschen Nationalbibliografie; detaillierte bibliografische
Daten sind im Internet über http://dnb.ddb.de abrufbar.

Dieses Buch folgt den Regeln der neuen deutschen Rechtschreibung.

Bücher · Kalender · Experimentierkästen · Kinder- und Erwachsenenspiele
Natur · Garten · Essen & Trinken · Astronomie
Hunde & Heimtiere · Pferde & Reiten · Tauchen · Angeln & Jagd
Golf · Eisenbahn & Nutzfahrzeuge · Kinderbücher

KOSMOS Postfach 10 60 11
D-70049 Stuttgart
TELEFON +49 (0)711-2191-0
FAX +49 (0)711-2191-422
WEB www.kosmos.de
E-MAIL info@kosmos.de

Informationen senden wir Ihnen gerne zu

Gedruckt auf chlorfrei gebleichtem Papier

1. Auflage
© 2005 Franckh-Kosmos Verlags-GmbH & Co. KG Stuttgart
Alle Rechte vorbehalten
ISBN 3-440-10192-4
Redaktion: Claudia Steinke
Layout: Eva M. Salzgeber
Produktion: Eva M. Salzgeber
Printed in the Czech Republic / Imprimé en République tchèque

Inhalt

Schnecke, Storch & Schmetterling ...
Tiere rund ums Haus   5

Wildschwein, Wolf & Waldameise ...
Tiere im Wald   41

Krake, Kröte & Krokodil ...
Tiere rund ums Wasser   69

Panda, Panther & Papagei ...
Tiere im Regenwald   101

Echse, Erdferkel & Elefant ...
Tiere in der Steppe   129

Robbe, Rentier & Regenpfeifer ...
Tiere in den Polargebieten   149

Wer hat's gewusst?
750 Antworten   163

Schnecke, Storch & Schmetterling ...

Tiere rund ums Haus

Schnecke, Storch & Schmetterling

1. Wie viel Milch gibt eine Kuh am Tag?
a) 20 l
b) 30 l
c) 40 l

2. Woran erkennst du, dass der Ohrwurm ein Insekt ist?
a) An den deutlich sichtbaren Augen
b) An den Zangen am Hinterleib
c) An den 6 Beinen

3. Wie bewegen sich Schnecken vorwärts?
a) Sie kriechen auf einer Schleimspur.
b) Sie laufen mit winzigen Füßchen.
c) Sie bewegen sich auf einem feinen Haarpelz fort.

4. In welchem Alter lernt eine Kohlmeise fliegen?
a) Mit 10 Tagen
b) Mit 20 Tagen
c) Mit 1 Monat

5. Warum findet man nach einem Regenguss so viele Regenwürmer auf dem Erdboden?
a) Weil sie dann Wasser trinken
b) Weil sie sich in Pfützen wohl fühlen
c) Weil sie aus ihren unterirdischen Gängen fliehen

Schnecke, Storch & Schmetterling

6. Wie oft am Tag trommelt ein Buntspecht?
a) Bis zu 600 Mal
b) Bis zu 400 Mal
c) Bis zu 200 Mal

7. Wie vermehren sich Blindschleichen?
a) Sie brüten Eier aus.
b) Sie gebären lebende Junge.
c) Sie legen Eier ab und verschwinden anschließend.

8. Wie viele Beine hat ein heimischer Tausendfüßer?
a) 200
b) 500
c) 1.000

9. Welche Vogelstimme erklingt morgens als erste?
a) Die der Nachtigall
b) Die des Hausrotschwanzes
c) Die der Kohlmeise

10. Wie verhält sich ein Tausendfüßer bei Gefahr?
a) Er flüchtet schnell.
b) Er rollt sich ein.
c) Er greift an.

Schnecke, Storch & Schmetterling

11. Wie viel wiegt ein Eichhörnchen?
a) So viel wie eine Tafel Schokolade
b) So viel wie zwei Päckchen Butter
c) So viel wie ein Päckchen Zucker

12. Welche Besonderheit zeichnet das Nest der Rabenkrähe aus?
a) Es besteht nur aus weichen Federn.
b) Es hat ein Dach aus Zweigen.
c) Es ist voller glitzernder Schmuckstücke.

13. Welche Geräusche ahmt der Star mit seinem Gesang täuschend ähnlich nach?
a) Menschliche Sprache
b) Fließendes Wasser
c) Froschgequake

14. Mit welchem Vogel verwechseln Kleinvögel die Türkentaube?
a) Mit der Elster
b) Mit dem Sperber
c) Mit der Eule

15. Wie verbringt der Zaunkönig den Winter?
a) Er schläft an kalten Tagen mit vielen seiner Artgenossen im Nest.
b) Er zieht im Herbst gen Süden.
c) Er fliegt ununterbrochen, um sich warm zu halten.

Schnecke, Storch & Schmetterling

16. Welches ist der kleinste Vogel Europas?
a) Der Zaunkönig
b) Die Blaumeise
c) Das Wintergoldhähnchen

17. Wie kommen die Männchen der Erdkröte zu ihrem Brutgewässer?
a) Sie hüpfen in großen Gruppen zurück.
b) Sie reisen huckepack auf dem Rücken der Weibchen.
c) Sie bleiben das ganze Jahr über dort.

18. Warum solltest du keine Kröte anfassen?
a) Weil sie giftig ist
b) Weil sie kräftig zubeißen kann
c) Weil sie stinkt

19. Wie viele Eier legt ein Grasfrosch pro Gelege?
a) 1.000
b) 2.000
c) 4.000

20. Womit atmen Kaulquappen?
a) Mit Lungen
b) Mit Kiemen
c) Mit einer Schleimhaut im Maul

21. In welcher Reihenfolge erscheinen bei den Kaulquappen der Frösche und Kröten die Beine?
a) Erst die Hinterbeine, dann die Vorderbeine
b) Erst die Vorderbeine, dann die Hinterbeine
c) Vorder- und Hinterbeine gleichzeitig

22. Was macht eine Zauneidechse bei höchster Gefahr?
a) Sie wirft einen Teil ihres Schwanzes ab.
b) Sie wechselt die Farbe ihres Schuppenkleids.
c) Sie greift fauchend an.

23. Warum ist das Tagpfauenauge einer der häufigsten Schmetterlinge im Garten?
a) Weil seine Raupen andere Schmetterlingsraupen auffressen
b) Weil seine Raupen Brennnesseln als Nahrung überall finden
c) Weil er den Nektar aller Gartenblumen mag

24. Wo paaren sich Ameisen?
a) Im Ameisenbau
b) In der Luft
c) Auf dem Erdboden

25. Wie alt kann eine Ameisenkönigin werden?
a) 1 Jahr
b) 7 Jahre
c) 29 Jahre

Schnecke, Storch & Schmetterling

26. Was ist das Besondere bei den Blattläusen im Vergleich zu anderen Insekten?
a) Sie gebären lebende Junge.
b) Sie haben einen giftigen Stachel.
c) Sie verbringen ihre Jugendzeit unter Wasser.

27. Wie viele Erdhummeln leben in einem Nest im Erdboden?
a) 100
b) 200
c) 600

28. Wie viele Blüten muss eine Erdhummel täglich anfliegen, um satt zu werden?
a) 150
b) 450
c) 750

29. Wie erzeugen Glühwürmchen ihr Leuchten?
a) Durch eine chemische Reaktion
b) Durch elektrostatische Aufladung
c) Durch die Reflexion von Lichtern

30. Zu welcher Tiergruppe gehören Glühwürmchen?
a) Zu den Würmern
b) Zu den Käfern
c) Zu den Nacktschnecken

Schnecke, Storch & Schmetterling

31. Wie erzeugen Heuschrecken ihr Zirpkonzert?
a) Durch die Vibration ihrer Stimmbänder
b) Durch kräftiges Schütteln ihres Hinterleibs
c) Durch das Reiben eines Vorderflügels am Hinterflügel

32. Wo liegen die Hörorgane der Heuschrecken?
a) Am Kopf
b) In den Vorderbeinen
c) An der Brust

33. Welche Funktion hat der lange Dorn am Hinterleib mancher Heuschrecken?
a) Es ist ein Legebohrer zum Eierlegen.
b) Es ist ein Giftstachel zum Lähmen der Beute.
c) Es ist ein spitzer Dorn zur Verteidigung.

34. Wie lange leben Engerlinge, die Larven des Maikäfers, im Boden?
a) 6 Monate
b) 1–2 Jahre
c) 3–4 Jahre

35. Was passiert, wenn Maikäfer in Massen auftreten?
a) Sie brummen nachts so laut wie startende Autos.
b) Sie fressen ganze Bäume kahl.
c) Sie ziehen Schwärme hungriger Vögel an.

Schnecke, Storch & Schmetterling

36. Wie viele Zwergfledermäuse passen in eine Schuhschachtel?
a) 50
b) 100
c) 150

37. Welches besondere Verhalten zeigt das Ohrwurm-Weibchen?
a) Es brütet seine Eier aus.
b) Es verteidigt seine Eier gegen Feinde.
c) Es trägt seine Eier in einer Bauchtasche mit sich herum.

38. Wie transportieren Wildbienen den Pollen der Blüten?
a) Am behaarten Hinterleib
b) In einem Höschen am Hinterbein
c) Mit den Mundwerkzeugen

39. Wie viele Beine haben Spinnen?
a) 4
b) 6
c) 8

40. Welche Gefahr lauert in Blüten auf Bienen und Schmetterlinge?
a) Eine beißende Ameise
b) Eine giftige Krabbenspinne
c) Ein kneifender Ohrwurm

41. Warum fressen Katzen die Spitzmäuse, die sie gefangen haben, häufig nicht auf?

a) Sie sind zu groß.
b) Sie riechen unangenehm.
c) Katzen sind nur am Fangen, nicht am Verzehr der Beute interessiert.

42. Mit welcher List fangen Amseln Regenwürmer?

a) Sie lauern ihnen am Eingang ihrer Erdhöhlen auf.
b) Sie locken die Würmer mit ihrem Gesang an.
c) Sie trippeln auf dem Boden umher.

43. Welche Farbe hat das Blut der meisten Schnecken?

a) Blau
b) Rot
c) Sie haben kein Blut.

44. Wie oft am Tag schmettert das Buchfink-Männchen seinen Gesang?

a) 500 Mal
b) 2.000 Mal
c) 4.500 Mal

45. Wie kommt der Buchfink zu seinem Namen?

a) Er frisst gerne Bucheckern.
b) Er baut nur in Buchen sein Nest.
c) Ein Buchfink soll einmal Löcher in das Buch eines berühmten Biologen gepickt haben.

Schnecke, Storch & Schmetterling

46. Wie schwer sind alle Regenwürmer unter einem Wiesenstück von der Größe eines Fußballfelds?
a) So schwer wie 1 Kuh
b) So schwer wie 3 Kühe
c) So schwer wie 6 Kühe

47. Wie groß ist die Spannweite des Wiener Nachtpfauenauges?
a) 8 cm
b) 15 cm
c) 20 cm

48. Zu welcher Gattung gehören Blindschleichen?
a) Zu den Echsen
b) Zu den Schlangen
c) Zu den Würmern

49. Was tun Regenwürmer bei Nacht?
a) Sie kriechen an die Erdoberfläche.
b) Sie ruhen sich aus.
c) Sie häuten sich.

50. Welches Jagdverhalten zeigt ein Turmfalke?
a) Er steht wie ein Hubschrauber in der Luft.
b) Er lauert auf Bäumen.
c) Er hüpft auf dem Boden.

Schnecke, Storch & Schmetterling

51. Aus welchem Material bauen Wespen ihr Nest?
a) Aus Wachs
b) Aus Stroh
c) Aus Papier

52. Wie hoch fliegt der Schmetterling Kleiner Fuchs?
a) 1.000 m
b) 3.000 m
c) 4.000 m

53. Was machen Marienkäfer, wenn Gefahr droht?
a) Sie verspritzen Gift.
b) Sie beißen.
c) Sie stellen sich tot.

54. Wie lange lebt eine Stubenfliege?
a) 2 Monate
b) 3 Monate
c) 4 Monate

55. Wie viele Augen hat eine Garten-Kreuzspinne?
a) 2
b) 4
c) 8

Schnecke, Storch & Schmetterling

56. Womit atmen Mauerasseln?
a) Mit Lungen
b) Mit Haut
c) Mit Kiemen

57. Wo legen Regenwürmer ihre Eier ab?
a) In eine Sandgrube
b) In den eigenen Kot
c) In einen tiefen Bodengang

58. Wie viel wiegt eine Hausmaus bei der Geburt?
a) 1 g
b) 5 g
c) 7 g

59. Welchen Überwinterungsplatz kannst du einem Igel im Garten anbieten?
a) Einen Sandhaufen
b) Ein Erdloch
c) Einen Laubhaufen

60. Wie schnell fliegt ein Mauersegler?
a) 80 km/h
b) 150 km/h
c) 180 km/h

Schnecke, Storch & Schmetterling

61. Wo verbringen Mauersegler die Nacht?
a) In ihrem Nest
b) In der Luft
c) In einem Unterschlupf am Boden

62. Wie viele Stadttauben leben insgesamt auf der Welt?
a) 200 Millionen
b) 500 Millionen
c) 800 Millionen

63. Warum gibt es nicht noch mehr Tauben in den Städten, wo sie genügend Futter finden?
a) Weil sie an vielen Krankheiten leiden
b) Weil sie nicht genügend Nistplätze finden
c) Weil sie von Katzen gefressen werden

64. Warum kräht ein Hahn mit den ersten Sonnenstrahlen?
a) Um sein Revier abzugrenzen
b) Um seine Hennen zu wecken
c) Um den Tag zu begrüßen

65. Wie lange brütet eine Henne ihre Eier aus?
a) 3 Wochen
b) 5 Wochen
c) 7 Wochen

Schnecke, Storch & Schmetterling

66. Wie schwer ist das Ei einer Gans?
   a) 80 g
   b) 150 g
   c) 200 g

67. Wo verbringen Rauchschwalben den Winter?
   a) In Spanien
   b) Im Süden Afrikas
   c) In Griechenland

68. Wie trinken Rauchschwalben?
   a) Im Flug
   b) Im Stehen
   c) Im Liegen

69. Wie begrüßt sich ein Storchenpaar im Nest?
   a) Durch heftiges Flügelschlagen
   b) Durch Aneinanderreiben ihrer Schnäbel
   c) Durch lautes Klappern

70. Wie sucht der Weißstorch seine Nahrung?
   a) Er schnappt seine Beute im Sturzflug.
   b) Er läuft pflügenden Traktoren nach.
   c) Er taucht nach Fröschen.

71. Wie hebst du ein Kaninchen richtig aus dem Stall?
a) An den Hinterbeinen
b) An den Ohren
c) Am Nackenfell

72. Wie findet eine Brieftaube ihren Weg nach Hause?
a) Sie nimmt das Magnetfeld der Erde zu Hilfe.
b) Sie orientiert sich an der Landschaft.
c) Sie richtet sich nach der Sonne.

73. Wie lang ist ein Truthahn vom Kopf bis zum Schwanz?
a) 80 cm
b) 120 cm
c) 150 cm

74. Was ist ein Maulesel?
a) Ein Nachkomme eines Esels und eines Pferds
b) Ein gefräßiger Esel
c) Ein kranker Esel

75. Woran erkennst du einen ängstlichen Hund?
a) Er klemmt seinen Schwanz ein.
b) Er wedelt mit dem Schwanz.
c) Er duckt sich auf den Boden.

Schnecke, Storch & Schmetterling

76. Welcher große Vogel fängt auf den Wiesen die Mäuse, seit Störche seltener geworden sind?
a) Der Graureiher
b) Der Pelikan
c) Der Kranich

77. Von welchem Wildtier stammt das Hauskaninchen ab?
a) Vom Feldhasen
b) Vom Meerschweinchen
c) Vom Wildkaninchen

78. Was bedeutet es, wenn eine Katze einen Buckel macht?
a) Sie ist ängstlich.
b) Sie will in Ruhe gelassen werden.
c) Sie will spielen.

79. Welche gefährliche Krankheit haben Ratten im Mittelalter unter den Menschen verbreitet?
a) Tuberkulose
b) Pest
c) Krebs

80. Was bedeuten die durchdringenden „Tix-tix-tix"-Rufe einer Amsel?
a) Sie warnt ihre Jungen vor einer Katze.
b) Sie ruft ihren Partner.
c) Sie hat einen Wurm gefangen.

Schnecke, Storch & Schmetterling

81. Für wie viele Pullover reicht die Wolle eines einzigen Schafs?
a) Für 1—2 Pullover
b) Für 3—4 Pullover
c) Für 5—6 Pullover

82. Wie viele Schafe kann ein gelernter Schafscherer in einer Stunde scheren?
a) 5
b) 12
c) 16

83. Wozu wälzen sich Schweine im Sommer im Schlamm?
a) Zum Vergnügen
b) Um eine Tarnfarbe zu bekommen
c) Zur Abkühlung

84. Wobei sind Schweine den Menschen behilflich?
a) Bei der Suche nach Rauschgift
b) Bei der Suche nach Trüffelpilzen
c) Bei der Suche nach verschütteten Menschen

85. Wie viele Eier legt eine Stallfliege in den 3—5 Wochen ihres Lebens?
a) 1.000 Eier
b) 2.000 Eier
c) 3.000 Eier

Schnecke, Storch & Schmetterling

86. Wie alt wird eine Weinbergschnecke?
a) 1 Jahr
b) 5 Jahre
c) 18 Jahre

87. Woher hat der Feuersalamander seinen Namen?
a) Er kann selbst große Hitze sehr gut aushalten.
b) Er sondert eine giftige Flüssigkeit ab.
c) Er weist eine schwarz-gelbe Färbung auf.

88. Wie lang werden die Laichschnüre einer Erdkröte?
a) 1 m
b) 5 m
c) 10 m

89. Wie alt kann eine Erdkröte werden?
a) 20 Jahre
b) 30 Jahre
c) 40 Jahre

90. Woher stammen die feinen dünnen Fäden, die im Spätsommer durch die Luft fliegen?
a) Es sind lange, blonde Haare.
b) Es sind die Staubfäden heimischer Bäume.
c) Es sind die Spinnfäden junger Spinnen.

Schnecke, Storch & Schmetterling

91. Was macht der Weberknecht, wenn er von einem Feind bedroht wird?
a) Er spritzt Gift.
b) Er baut zum Schutz ein Spinnennetz.
c) Er opfert ein Bein.

92. Wie tief gräbt die Feldgrille ihre Gänge in den Boden?
a) 20 cm
b) 30 cm
c) 40 cm

93. Wie viele Tausendfüßer leben unter der Fläche von 1 m² Wiese im Erdboden?
a) 10.000
b) 1.000
c) 100

94. Wie lang ist der Rüssel des 5 Zentimeter langen Windenschwärmers?
a) 5 cm
b) 8 cm
c) 10 cm

95. Was kann der Totenkopfträger im Gegensatz zu den meisten anderen Schmetterlingen?
a) Er kann stechen.
b) Er kann Geräusche von sich geben.
c) Er hat Giftdrüsen.

Schnecke, Storch & Schmetterling

96. Welche Stechmücken können auch wirklich stechen?
a) Nur die Weibchen
b) Nur die Männchen
c) Männchen und Weibchen

97. Welches besondere Verhalten kann man beim Steinmarder beobachten?
a) Er schließt ein Auge.
b) Er schläft die meiste Zeit des Tages.
c) Er macht Männchen.

98. Was macht ein Hermelin, nachdem es ein Tier erbeutet hat?
a) Es frisst dieses auf der Stelle auf.
b) Es trägt das Beutetier in ein Versteck.
c) Es spielt Katz und Maus mit dem Beutetier.

99. Wie viele Wanderratten leben in einem Rudel?
a) 100
b) 200
c) 300

100. Wie viele Junge bringt eine Hausmaus in einem Jahr zur Welt?
a) 30
b) 50
c) 70

Schnecke, Storch & Schmetterling

101. Wie groß ist die Spannweite des Großen Mausohrs, einer Fledermaus?
a) 28 cm
b) 38 cm
c) 48 cm

102. Wie schnell fliegt der Abendsegler?
a) 30 km/h
b) 40 km/h
c) 50 km/h

103. Wo legt der Ziegenmelker seine Eier ab?
a) In ein Nest
b) Auf den Boden
c) In eine Baumhöhle

104. Wie groß wird eine Hausspinne?
a) 3 cm
b) 5 cm
c) 7 cm

105. Womit füttern Wespen ihre Larven?
a) Mit Honig
b) Mit Pollen
c) Mit Insekten

Schnecke, Storch & Schmetterling

106. Woher kommt das Wachs für die Waben der Biene?
a) Sie sammelt es an Bäumen.
b) Sie scheidet Wachs aus.
c) Sie gewinnt es aus dem Blütennektar.

107. Warum erfrieren Bienen im Winter nicht?
a) Sie können ihre Körpertemperatur absenken.
b) Der Imker beheizt den Stock im Winter.
c) Bienen bewegen sich ununterbrochen.

108. Welche Hummeln können stechen?
a) Nur die Weibchen
b) Nur die Männchen
c) Männchen und Weibchen

109. Wie finden Ameisen ihren Weg zurück ins Nest?
a) Durch eine Duftspur
b) Durch Orientierung am Magnetfeld der Erde
c) Durch Kommunikation mit anderen Ameisen

110. Warum häuten sich Raupen während des Wachstums mehrmals?
a) Weil sie eine andere Farbe bekommen
b) Weil sie so Krankheiten „abschütteln"
c) Weil die Haut zu eng wird

111. Fressen Kleidermotten Löcher in Wollpullover?
a) Ja, Kleidermotten lieben Wolle.
b) Nein, dafür sind andere Tiere verantwortlich.
c) Nur die Raupen der Kleidermotten fressen diese Löcher.

112. Warum sind Goldfliegen gefährlich?
a) Sie können Krankheiten übertragen.
b) Sie können stechen.
c) Sie sind giftig.

113. Welche besondere Fähigkeit haben Schwebfliegen?
a) Sie können besonders viele Blüten bestäuben.
b) Sie können besonders kunstvoll durch die Luft fliegen.
c) Sie können die Farbe wechseln.

114. Wozu dienen die kleinen Öffnungen am Hinterleib des Maikäfers?
a) Zum Atmen
b) Zum Ausscheiden
c) Zum Riechen

115. Wie viele Arten von Marienkäfern gibt es bei uns?
a) 30
b) 50
c) 80

Schnecke, Storch & Schmetterling

116. Wie viele Blattläuse frisst die Larve des Marienkäfers in ihrem vierwöchigen Leben?
a) 400
b) 600
c) 800

117. Welche Insekten ernähren sich von den klebrigen, süßen Säften, die Blattläuse ausscheiden?
a) Bienen
b) Ameisen
c) Marienkäfer

118. Wie kommt die Grüne Stinkwanze zu ihrem Namen?
a) Sie ernährt sich von übel riechenden Pflanzen.
b) Sie sondert ein stinkendes Sekret ab.
c) Sie hält sich gerne im Kot anderer Tiere auf.

119. Welche Schmetterlinge aus dem Süden kommen im Sommer über die Alpen zu uns?
a) Taubenschwänzchen
b) Tagpfauenaugen
c) Zitronenfalter

120. Wie fängt die Erdkröte ihre Beute?
a) Mit einem giftigen Biss
b) Mit ihren scharfen Krallen
c) Mit ihrer klebrigen Zunge

121. Warum klettert der Laubfrosch bei Sonnenschein die Leiter in einem Weckglas hoch?
a) Weil er dort besser quaken kann
b) Weil er oben mehr Sauerstoff bekommt
c) Weil er sich oben sonnen kann

122. Woran erkennt man, dass Blindschleichen keine Schlangen sind?
a) Sie haben keine gespaltene Zunge.
b) Sie haben eine andere Hautfarbe als Schlangen.
c) Sie haben bewegliche Augenlider.

123. Womit riecht eine Schlange?
a) Mit der Zunge
b) Mit der Nase
c) Mit der Haut

124. Wie bringt die Kreuzotter ihre Jungen zur Welt?
a) Sie legt Eier.
b) Sie gebärt voll entwickelte Jungtiere.
c) Sie bringt unreife Embryonen zur Welt.

125. Ab wann ist der Biss kleiner Kreuzottern giftig?
a) Sofort nach der Geburt
b) Nach 10 Tagen
c) Nach 2 Monaten

Schnecke, Storch & Schmetterling

126. Warum sonnen sich Zauneidechsen ausgiebig auf warmen Steinen?
a) Weil dadurch lebensnotwendige Vitamine im Körper gebildet werden
b) Weil sie dort leichter Beute machen können
c) Weil so der kalte Körper aufgewärmt wird

127. Wie hoch springt ein Floh?
a) 12 cm
b) 15 cm
c) 20 cm

128. Wie viele Kilometer müssen Honigbienen für 500 g Honig fliegen?
a) 80.000 Kilometer
b) 120.000 Kilometer
c) 200.000 Kilometer

129. Wie schnell kann ein Wanderfalke fliegen?
a) 170 km/h
b) 290 km/h
c) 380 km/h

130. Welches ist das schnellste Insekt?
a) Die Libelle
b) Die Hornisse
c) Die Fliege

Schnecke, Storch & Schmetterling

131. Wie hoch können Gänse fliegen?
a) 8.000 m
b) 10.000 m
c) 12.000 m

132. Das Wievielfache ihres Körpergewichts frisst eine Zwergspitzmaus am Tag?
a) Das 1,5fache
b) Das 2fache
c) Das 2,5fache

133. Aus wie viel Kilometer Entfernung kann das Seidenspinner-Männchen ein Weibchen riechen?
a) Aus 5 km
b) Aus 8 km
c) Aus 11 km

134. Wie viele Meter weit gräbt sich ein Maulwurf täglich durch den Boden?
a) 10 m
b) 15 m
c) 20 m

135. Warum können sich Feldmäuse sehr schnell vermehren?
a) Sie bekommen viele Junge auf einmal.
b) Sie gebären schon nach nur 1 Woche Tragzeit.
c) Die jungen Mäuse können sich schon im Alter von 3 Wochen fortpflanzen.

Schnecke, Storch & Schmetterling

136. Welchen Rekord hält der Wellensittich?
a) Er kann am besten Stimmen nachmachen.
b) Er ist der am meisten gezüchtete Vogel.
c) Er hat die buntesten Federn.

137. Wie lange lebt eine Eintagsfliege?
a) 5 Stunden
b) 1 Tag
c) 2 Tage

138. Seit wie vielen Millionen Jahren gibt es schon Eintagsfliegen auf der Erde?
a) Seit 50 Millionen Jahren
b) Seit 100 Millionen Jahren
c) Seit 350 Millionen Jahren

139. Warum bekommen Spechte keine Kopfschmerzen, wenn sie mit ihrem Schnabel auf Baumstämme trommeln?
a) Ihr Schnabel ist durch eine Art Feder mit dem Schädel verbunden.
b) Ihr Gehirn befindet sich im Rückenmark.
c) In ihrer Nahrung sind Stoffe enthalten, die Kopfschmerzen lindern.

140. Wo ruht sich ein Feldhase aus?
a) In einer Erdhöhle
b) In einer Mulde
c) In einem hohlen Baumstamm

Schnecke, Storch & Schmetterling

141. Wozu baut ein Maulwurf seine Maulwurfshaufen?
a) Es sind die Ein- und Ausgänge zu seinem Bau.
b) Er entsorgt so die bei den Grabarbeiten anfallende Erde.
c) Es sind seine Kothaufen.

142. Was machen Grasfrosch-Männchen in der Laichzeit?
a) Sie knurren.
b) Sie bewachen den Laich.
c) Sie fressen besonders viele Fliegen.

143. Welche ausgeklügelten Jagdtechniken beherrscht der Mäusebussard?
a) Er stürzt sich ins Wasser und jagt schnell zu Fuß.
b) Er jagt von einem Ansitz aus und steht wie ein Falke in der Luft.
c) Er lauert im hohen Gras auf Beute und gräbt Mäuse aus.

144. Wie kommt der Vogel Neuntöter zu seinem Namen?
a) Er tötet täglich neun Insekten.
b) Er spießt neun unterschiedliche Beutetiere auf Dornen auf.
c) Er tötet nur am 9. Tag eines Monats.

Schnecke, Storch & Schmetterling

145. Woraus bauen Mehlschwalben ihre Nester?
a) Aus Ästen und Zweigen
b) Aus Papier
c) Aus Lehm

146. Welches Geschlecht haben Schnecken?
a) Es gibt nur Weibchen.
b) Es gibt Weibchen und Männchen.
c) Sie sind Zwitter.

147. Wo singt der Grünfink gelegentlich?
a) In der Luft
b) In einem hohlen Baumstamm
c) In einem Dachstuhl

148. Wie weit kann eine Brieftaube am Tag fliegen?
a) 300 km
b) 700 km
c) 1.000 km

149. Welche Tiergruppe hat die meisten Arten?
a) Insekten
b) Vögel
c) Säugetiere

150. Wie lange hält der Siebenschläfer Winterschlaf?
a) 7 Tage
b) 7 Wochen
c) 7 Monate

151. Welches Tier ist mit dem Pferd verwandt?
a) Das Flusspferd
b) Das Nashorn
c) Der Elch

152. Welche Last können zwei Pferde ziehen?
a) Über 10.000 kg
b) Über 20.000 kg
c) Über 40.000 kg

153. Was macht die Ringelnatter, wenn sie in Gefahr gerät?
a) Sie flieht auf Bäume.
b) Sie erbricht ihre Nahrung.
c) Sie ändert ihre Farbe.

154. Welches ist das kleinste Säugetier Europas?
a) Die Zwergfledermaus
b) Das Zwergkaninchen
c) Die Zwergmaus

155. Woran orientiert sich das Rotkehlchen bei seinem Flug ins Winterquartier?
a) Am Stand der Sonne
b) Am Polarstern
c) Am Magnetfeld der Erde

Schnecke, Storch & Schmetterling

156. Warum fällt eine Fledermaus nicht herunter, wenn sie mit dem Kopf nach unten schläft?
a) Sie hat klebrige Füße.
b) Sie hält sich mit Saugnäpfen fest.
c) Ihre Zehen halten sie automatisch in Hängeposition.

157. Was frisst eine Natter?
a) Blätter und Zweige
b) Mäuse und kleine Vögel
c) Insekten und Spinnen

158. Wie fangen Bussarde ihre Beute?
a) Mit ihrem Schnabel
b) Mit ihren Krallen
c) Mit beidem

159. Warum fliegen Gänse in V-Formation?
a) Um weniger schnell zu ermüden
b) Um ihre Angreifer einzuschüchtern
c) Weil es schön aussieht

160. Welchen Abstand halten zwei Schwalben ein, die auf einer Stromleitung sitzen?
a) Eine Schnabellänge
b) Eine Körperlänge
c) Eine Flügellänge

Schnecke, Storch & Schmetterling

161. Wie kommt es, dass sich eine Spinne niemals in ihrem eigenen Netz verfängt?
a) Ihr Körper ist mit Öl überzogen.
b) Sie ist unbehaart.
c) Ihre Füße sind mit Seidenfäden geschützt.

162. Welches Tier sperrt Regenwürmer als Nahrungsvorrat ein?
a) Die Spitzmaus
b) Der Maulwurf
c) Der Igel

163. Wie sehen Igeljunge bei der Geburt aus?
a) Sie sind nackt.
b) Sie haben ein weiches Fell.
c) Sie haben schon kleine Stacheln.

164. Welche Fledermaus fliegt schon, wenn es draußen noch hell ist?
a) Der Abendsegler
b) Das Große Mausohr
c) Die Zwergfledermaus

165. Wann fliegen bei uns die ersten Schmetterlinge?
a) Im Januar
b) Im Februar
c) Im März

Schnecke, Storch & Schmetterling

166. Wie sieht das Nest des Eichhörnchens aus?
a) Es ist kugelrund.
b) Es ist napfförmig wie ein Vogelnest.
c) Es liegt in einem hohlen Baumstamm.

167. Von welchem Tier stammt der Haushund ab?
a) Vom Fuchs
b) Vom Marder
c) Vom Wolf

168. Wie viele Stare verbringen im Herbst die Nacht zusammen an einem Platz?
a) 10.000
b) 50.000
c) 100.000

169. Wie viele Punkte hat ein zwei Jahre alter Siebenpunkt-Marienkäfer?
a) 2
b) 5
c) 7

170. Welche Tiergruppe der Erde ist die größte und zählt die meisten Arten?
a) Käfer
b) Vögel
c) Spinnen

Schnecke, Storch & Schmetterling

171. Wie gefährlich ist der Stich einer Hornisse?
a) So gefährlich wie ein Skorpionstich
b) So gefährlich wie ein Wespenstich
c) So gefährlich wie der Biss einer Giftschlange

172. Welches Tier kriecht nachts unter die Motorhaube von Autos und beißt die Kabel durch?
a) Der Steinmarder
b) Die Wanderratte
c) Der Rotfuchs

173. Um wie viel Grad Celsius senkt ein Igel seine Körpertemperatur während des Winterschlafes ab?
a) Um 5 Grad Celsius
b) Um 10 Grad Celsius
c) Um 20 Grad Celsius

174. Welches Tier lebt in einem „wurmigen" Apfel?
a) Ein Wurm
b) Eine Schmetterlingsraupe
c) Eine Wespenlarve

175. Wie heißt das kleinste Raubtier der Welt?
a) Mauswiesel
b) Hermelin
c) Steinmarder

Wildschwein, Wolf & Waldameise ...

Tiere im Wald

176. Welcher Vogel, der heute in jedem Garten lebt, war früher ein scheuer Waldbewohner?
a) Das Rotkehlchen
b) Die Kohlmeise
c) Die Amsel

177. Wie legt das Eichhörnchen Vorräte für den Winter an?
a) Es vergräbt sie am Fuß von Bäumen.
b) Es sammelt sie in seinem Nest.
c) Es versteckt sie in einem hohlen Baum.

178. Welche Tiere nennt der Förster „Gärtner des Waldes"?
a) Buchdrucker und Hirschkäfer
b) Eichhörnchen und Eichelhäher
c) Rothirsch und Rotfuchs

179. Was ist das Besondere am Hirschgeweih?
a) Es wächst ein Leben lang.
b) Es wächst jedes Jahr neu.
c) Es wächst von oben nach unten.

180. Wie viel kg wiegt ein Rothirsch?
a) 300 kg
b) 450 kg
c) 700 kg

Wildschwein, Wolf & Waldameise

181. Welchen gefährlichen Parasiten können Füchse über ihren Urin übertragen?
a) Fuchslaus
b) Fuchsbandwurm
c) Fuchsfloh

182. Wie findet die Waldohreule ihre Beute?
a) Mit den Augen
b) Mit Ultraschall
c) Mit dem Gehör

183. Was ist das Besondere am Flug der Eulen?
a) Sie fliegen lautlos.
b) Sie fliegen auch rückwärts.
c) Sie bleiben in der Luft stehen.

184. Wie hoch kann der Bau von Waldameisen werden?
a) 50 cm
b) 1,5 m
c) 2,5 m

185. Was sind Wildschweine in Bezug auf ihre Ernährungsweise?
a) Allesfresser
b) Pflanzenfresser
c) Fleischfresser

186. Wie schwer ist ein Waldkauz?
a) 300 g
b) 500 g
c) 900 g

187. Wie weit reicht ein Dachsbau in die Tiefe?
a) 1 m
b) 3 m
c) 5 m

188. Was unterscheidet die Waldspitzmaus vom nah verwandten Igel?
a) Sie hält keinen Winterschlaf.
b) Sie ist giftig.
c) Sie frisst nur Pflanzen und Wurzeln.

189. Wie heißt der größte Käfer unserer heimischen Wälder?
a) Nashornkäfer
b) Hirschkäfer
c) Elefantenkäfer

190. Wovon ernährt sich der Hirschkäfer?
a) Von Baumsäften
b) Von Insekten
c) Von Früchten

Wildschwein, Wolf & Waldameise

191. Wie viel Zeit braucht die Larve des Hirschkäfers, um sich zum Käfer zu entwickeln?
a) 1 Jahr
b) 4 Jahre
c) 8 Jahre

192. Wie findet der Buntspecht seine Beute?
a) Er klopft auf einen Baumstamm.
b) Er erspäht sie mit seinen ausgezeichneten Augen.
c) Er riecht sie aus großer Entfernung.

193. Wie heißen die Jungen von Wildschweinen?
a) Ferkel
b) Jünglinge
c) Frischlinge

194. Wodurch sind junge Wildschweine getarnt?
a) Sie haben ein gestreiftes Fell.
b) Sie sind erdfarben.
c) Sie tragen Zweige und Blätter im Fell.

195. Wie sieht der Fußabdruck des Hirsches aus?
a) Es sind 2 lange Hufe.
b) Es sind 3 längliche Zehen.
c) Es sind 4 Zehen mit langen Krallen.

196. Welches Tier wohnt manchmal auch noch in einem Dachsbau?
a) Das Kaninchen
b) Der Luchs
c) Der Fuchs

197. Warum kann man den Waldkauz auch tagsüber beobachten?
a) Weil er auch am Tage jagt
b) Weil er sich gerne sonnt
c) Weil er auf offenen Lichtungen ruht

198. Wie heißt die größte heimische Eule?
a) Waldohreule
b) Waldkauz
c) Uhu

199. Wofür sind Borkenkäfer, die im Wald große Schäden anrichten können, nützlich?
a) Sie sorgen dafür, dass sich absterbende Bäume schneller zersetzen.
b) Sie verhindern die Ausbreitung von schädlichen Schimmelpilzen.
c) Sie helfen beim Verteilen vom Baumsamen.

200. Was sammeln Bienen für den Tannenhonig?
a) Nektar von Tannenblüten
b) Ausscheidungen von Blattläusen
c) Harz von Nadelbäumen

Wildschwein, Wolf & Waldameise

201. Wovon ernähren sich die Larven des Waldmistkäfers?
a) Von Pflanzensäften
b) Von Raupen
c) Von Tierkot

202. Wie gelangt eine Zecke auf den menschlichen Körper?
a) Sie stürzt sich vom Baum herab.
b) Sie lauert in niedrigen Pflanzen.
c) Sie hüpft wie ein Grashüpfer.

203. Welche Besonderheit zeichnet das Rehkitz aus?
a) Es ist besonders gut getarnt.
b) Es kann sich lautlos fortbewegen.
c) Es verströmt keinen Geruch.

204. Was macht das Kuckucksjunge mit den Eiern im fremden Nest?
a) Es brütet sie mit aus.
b) Es wirft sie aus dem Nest.
c) Es frisst sie auf.

205. Wie lang ist das Männchen der Krabbenspinne im Vergleich zum 10 mm langen Weibchen?
a) 4 mm
b) 10 mm
c) 15 mm

206. Wie viele Springschwänze leben auf einem Quadratmeter Buchenwald?
a) 8.000
b) 13.000
c) 17.000

207. Wie weit können die winzig kleinen Springschwänze springen?
a) Wenige Millimeter weit
b) Mehrere Zentimeter weit
c) Einige Meter weit

208. Wie wehrt der Erdläufer seine Feinde ab?
a) Durch ein Wehrsekret
b) Durch giftige Bisse
c) Durch kräftige Hiebe

209. Wie wühlt sich der Doppelfüßer durch den Boden?
a) Mit seinem Kopf als Rammbock
b) Mit Hilfe seiner Grabbeine
c) Mit seinen Mundwerkzeugen

210. Welche Tiere fängt die Blüte des Aronstabs?
a) Fliegen
b) Schmetterlinge
c) Spinnen

211. In welcher Jahreszeit röhrt der Rothirsch?
a) Im Frühjahr
b) Im Sommer
c) Im Herbst

212. Wozu ist das Hinterteil der Rehe auffallend weiß gefärbt?
a) Als Erkennungsmerkmal für ihre Jungen
b) Als Signal für Artgenossen bei der Flucht
c) Als Kennzeichen bei Nacht

213. Wie wird eine Zecke auch genannt?
a) Steinmilbe
b) Holzbock
c) Blutskäfer

214. Wie findet das Wildschwein seine Nahrung?
a) Mit seinem Rüssel
b) Mit seinen Augen
c) Mit seinem Mund

215. Wie schwer ist ein Dachs, der im Frühjahr 12 kg wiegt, im Herbst?
a) 8 kg
b) 12 kg
c) 25 kg

216. Wie jagt ein Rotfuchs eine Maus?
a) Er gräbt sie aus.
b) Er pirscht sich an sie heran.
c) Er verfolgt sie.

217. Wie flieht eine Waldmaus, wenn sie aufgeschreckt wird?
a) Wie ein Känguru
b) Wie eine Feldmaus
c) Wie ein Hase

218. Warum fürchteten sich früher viele Menschen vor dem Waldkauz?
a) Er tötete angeblich Ziegen.
b) Er kündigte mit seinem Ruf näher kommende Feinde an.
c) Er verkündete mit seinem Ruf angeblich den Tod.

219. Wo legt der Kuckuck seine Eier ab?
a) Im Nest eines fremden Vogels
b) In einem selbst gebauten Kugelnest
c) In einer Erdhöhle

220. Wie viel schwerer ist eine Zecke nach einer Blutmahlzeit?
a) 200-mal schwerer
b) 100-mal schwerer
c) 10-mal schwerer

Wildschwein, Wolf & Waldameise

221. Wie übersteht der Eichelhäher unseren Winter?
a) Er verschläft ihn in einer Baumhöhle.
b) Er ernährt sich von seinen gesammelten Vorräten.
c) Er frisst andere Vögel.

222. Mit wie vielen Schlägen pro Sekunde trommelt ein Buntspecht auf einen Baumstamm?
a) Mit 7 Schlägen
b) Mit 14 Schlägen
c) Mit 21 Schlägen

223. Wie kämpfen zwei Kreuzotter-Männchen miteinander?
a) Sie versuchen sich gegenseitig zu beißen.
b) Sie schlagen sich mit ihren Körperenden.
c) Sie umschlingen sich wie beim Schlangentanz.

224. Welche Flügelform haben Vögel, die im Wald leben?
a) Kurze Flügel
b) Lange Flügel
c) Kräftige Flügel

225. Was machen Kreuzspinnen jeden Morgen mit ihrem Netz?
a) Sie bessern kaputte Stellen aus.
b) Sie vergrößern es.
c) Sie fressen es auf und bauen ein neues.

Wildschwein, Wolf & Waldameise

226. Welche Farbe hat das Fell der Eichhörnchen, die in Nadelwäldern leben?
a) Rotbraun
b) Schwarz
c) Hellgrau

227. Welcher Waldvogel kann seine Jungen forttragen?
a) Die Waldschnepfe
b) Der Eichelhäher
c) Die Waldohreule

228. Woran erkennen Waldameisen ihre Artgenossen aus dem eigenen Bau?
a) Am Geruch
b) An der Form des Kopfes
c) An bestimmten Punkten auf dem Körper

229. Wozu dient der lange Schwanz des Fuchses?
a) Als Fliegenpatsche
b) Als Stimmungsanzeiger
c) Als Winterdecke

230. Wie viel Pflanzennahrung nimmt ein Elch jeden Tag zu sich?
a) 8 kg
b) 15 kg
c) 20 kg

Wildschwein, Wolf & Waldameise

231. Wie lange können Elche unter Wasser bleiben?
a) Gar nicht
b) 1 Minute
c) 10 Minuten

232. Warum heulen Wölfe?
a) Sie drücken Trauer aus.
b) Sie signalisieren, dass das Revier besetzt ist.
c) Sie heulen den Mond an.

233. Wie viel Fleisch kann ein Luchs bei einer Mahlzeit fressen?
a) 3 kg
b) 5 kg
c) 8 kg

234. Woher hat der Waschbär seinen Namen?
a) Er badet seine Jungen.
b) Er wäscht sich täglich dreimal.
c) Er putzt seine Nahrung.

235. Wie groß ist der Baummarder?
a) So groß wie eine Maus
b) So groß wie eine Ratte
c) So groß wie eine Katze

236. Wozu braucht das Eichhörnchen seinen langen Schwanz?
a) Als Steuer bei rasanten Sprüngen
b) Als Drohmittel gegen Feinde
c) Als Decke bei Kälte

237. Welche Menge an Vorräten legen Hamster an?
a) 15 kg
b) 30 kg
c) 50 kg

238. Welche Tiere fressen den giftigen Knollenblätterpilz?
a) Eichhörnchen
b) Schnecken
c) Laufkäfer

239. Wie schwer wird ein Elch?
a) So schwer wie ein Pferd
b) So schwer wie ein Sumatranashorn
c) So schwer wie ein Rothirsch

240. Was unterscheidet den Grünspecht von anderen Spechten?
a) Er sucht seine Nahrung überwiegend am Boden.
b) Er zieht seine Jungen in einem Kugelnest auf.
c) Er singt melodisch von einem hohen Baum.

241. Wie alt wird ein Eichelhäher?
   a) 5 Jahre
   b) 15 Jahre
   c) 50 Jahre

242. Welches Tier ist der „König der Wälder"?
   a) Der Wolf
   b) Der Rothirsch
   c) Der Luchs

243. Wo verbringen junge Wolfsspinnen ihre ersten Lebenstage?
   a) Auf dem Rücken der Mutter
   b) In einem Seidengespinst
   c) Unter der Erde

244. Welche Augenfarbe haben junge Füchse?
   a) Bernsteingelb
   b) Blau
   c) Grün

245. Wievielmal besser als der Mensch kann ein Fuchs riechen?
   a) 10-mal besser
   b) 75-mal besser
   c) 130-mal besser

246. Welche Tiere eines Rudels Rothirsche dürfen zuerst an einer Futterstelle fressen?
a) Die Jungtiere
b) Die Weibchen
c) Die Männchen

247. Wie groß sind Nacktschnecken, wenn sie frisch aus dem Ei schlüpfen?
a) Kleiner als 2 mm
b) Ungefähr 5 mm
c) Größer als 10 mm

248. Wo befinden sich die Augen der Schnecken?
a) Am Kopf
b) Auf den Fühlern
c) Schnecken haben keine Augen

249. Wie baut der Kleiber die Baumhöhle eines Buntspechts für sich um?
a) Er verkleinert das Schlupfloch.
b) Er vergrößert das Innere der Höhle.
c) Er polstert die Höhle mit weichem Moos aus.

250. Was kann der Kleiber als einziger heimischer Vogel?
a) Tauchen
b) Winterschlaf halten
c) Einen Baumstamm hinabklettern

Wildschwein, Wolf & Waldameise

251. Das Wievielfache ihres Körpergewichts können Ameisen tragen?
a) Das Zehnfache
b) Das Zwanzigfache
c) Das Fünfzigfache

252. Wie viele Waldameisen leben in einem Nest?
a) 10.000
b) 300.000
c) 800.000

253. Welches Tier ahmt der Totengräber mit seiner Färbung nach?
a) Eine Hummel
b) Eine Wespe
c) Einen Marienkäfer

254. Wie kommt der Totengräber zu seinem Namen?
a) Er lebt meist auf Friedhöfen.
b) Er vergräbt tote Tiere.
c) Er verkündete früher angeblich den Tod.

255. Welcher Nachtfalter ist im Wald besonders gefürchtet?
a) Der Totenkopfschwärmer
b) Die Nonne
c) Der Blutbär

256. Was macht der Feuersalamander bei Gefahr?
a) Er scheidet Gift aus.
b) Er beißt mit seinen spitzen Zähnen.
c) Er spuckt mit seinem ätzendem Speichel.

257. Welches ist das größte Landsäugetier Europas?
a) Der Rothirsch
b) Der Braunbär
c) Der Elch

258. Wie wirkt der Biss eines Steinläufers?
a) Wie ein Ameisenbiss
b) Wie ein Bienenstich
c) Wie ein Schlangenbiss

259. Welches Tier kam aus Nordamerika zu uns?
a) Der Waschbär
b) Der Braunbär
c) Der Elch

260. Welcher Waldbewohner trampelt ringförmige Kreise in die niedrigen Pflanzen?
a) Das Wildschwein
b) Der Rotfuchs
c) Das Reh

261. Zu welcher Tiergruppe gehören Asseln?
a) Zu den Insekten
b) Zu den Spinnen
c) Zu den Krebsen

262. Aus wie vielen Mitgliedern besteht eine Dachsfamilie?
a) 4
b) 15
c) 30

263. Welches Tier unserer Wälder ist für Menschen am gefährlichsten?
a) Der Rotfuchs
b) Das Wildschwein
c) Der Rothirsch

264. Wie wehren sich viele Raupen gegen ihre Fressfeinde?
a) Sie spinnen sich ein.
b) Sie beißen kräftig zu.
c) Sie seilen sich ab.

265. Wie geht der Baldachinspinne ihre Beute ins Netz?
a) Sie stolpert über Fäden im Netz.
b) Sie bleibt an klebrigen Fäden hängen.
c) Sie wird aus dem Hinterhalt gepackt.

266. Welcher Schmetterling ist im Frühjahr und im Sommer unterschiedlich gefärbt?
a) Das Tagpfauenauge
b) Das Landkärtchen
c) Der Admiral

267. Was ist die Hauptbeute des Sperbers?
a) Mäuse
b) Singvögel
c) Frösche

268. Womit ernährt die Ringeltaube ihre Jungen?
a) Mit Kropfmilch
b) Mit Raupen
c) Mit Früchten

269. Wie sehen junge Waldkäuze aus?
a) Sie sind nackt.
b) Sie sehen aus wie weiße Wollknäuel.
c) Sie sehen aus wie ihre Eltern, nur kleiner.

270. Wie hoch können Schnellkäfer springen?
a) 5 cm
b) 15 cm
c) 30 cm

Wildschwein, Wolf & Waldameise

271. Wie schwer ist ein Fuchsjunges bei der Geburt?
a) So schwer wie eine Tafel Schokolade
b) So schwer wie ein Päckchen Butter
c) So schwer wie ein Päckchen Zucker

272. Wie lange nach dem Biss einer Kreuzotter stirbt eine Eidechse?
a) Nach 10 Sekunden
b) Nach 30 Sekunden
c) Nach 1 Minute

273. Welche Tiere kommen weltweit am häufigsten vor?
a) Bienen
b) Schmetterlinge
c) Ameisen

274. Wie tötet der Lederlaufkäfer seine Beute?
a) Mit einem giftigen Biss
b) Mit dem Spritzen von Verdauungssäften
c) Mit einem kräftigen Schlag

275. Welcher heimische Schmetterling lebt am längsten?
a) Der Zitronenfalter
b) Das Tagpfauenauge
c) Der Kohlweißling

Wildschwein, Wolf & Waldameise

276. Welcher Lurch legt seine Eier in mit Wasser gefüllte Autospuren?
a) Der Wasserfrosch
b) Die Knoblauchskröte
c) Die Gelbbauchunke

277. Welches Tier lebt in dem Schaum, der an Halmen und Stängeln von Pflanzen klebt?
a) Schaumfliegen
b) Schaumzikaden
c) Schaumschwärmer

278. Was fressen Schmetterlinge außer Nektar am liebsten?
a) Urin
b) Hundekot
c) Baumharz

279. Welche feinsten Gegenstände können Fledermäuse mit Echoortung wahrnehmen?
a) Einen Zehntel Millimeter große Gegenstände
b) Einen halben Millimeter große Gegenstände
c) Einen Millimeter große Gegenstände

280. Welche Insektenmenge verzehrt eine Fledermaus im Lauf eines Sommers?
a) 100 g
b) 500 g
c) 1 kg

281. Mit welchem Tier ist die putzige Haselmaus verwandt?
a) Mit dem Siebenschläfer
b) Mit der Hausmaus
c) Mit der Spitzmaus

282. Wie schnell kann ein Braunbär laufen?
a) 20 km/h wie ein Radfahrer
b) 55 km/h wie ein Traktor auf der Straße
c) 100 km/h wie ein Auto

283. Wie weit kann ein Luchs springen?
a) 2 m
b) 4 m
c) 6 m

284. Wie viele Regenwürmer frisst ein Dachs in einem Jahr?
a) 750
b) 7.500
c) 15.000

285. Welcher Vogel ist der größte heimische Waldvogel?
a) Der Mäusebussard
b) Der Uhu
c) Das Auerhuhn

Wildschwein, Wolf & Waldameise

286. Warum brütet der Fichtenkreuzschnabel im Winter?
a) Weil es dann die meiste Nahrung für ihn gibt
b) Weil dann die besten Nistplätze noch frei sind
c) Weil er im Sommer auf Wanderschaft ist

287. Welches Tier ist bei den Habichten größer?
a) Das Männchen
b) Das Weibchen
c) Beide sind gleich groß.

288. Woran erkennst du, dass eine Ringeltaube das Opfer eines Greifvogels geworden ist?
a) Die ausgerupften Federkiele sind ganz.
b) Die ausgerupften Federkiele sind abgehackt.
c) Alle Federn sind klein gerupft.

289. Wovon ernährt sich der Grünspecht?
a) Von Insekten aus der Baumrinde
b) Von Ameisen
c) Von Baumsäften

290. Worin baden einige Waldvögel, um Gefiederparasiten abzutöten?
a) In Schlamm
b) In Moorwasser
c) In Ameisenhaufen

Wildschwein, Wolf & Waldameise

291. Was musst du tun, wenn du einem Hornissennest zu nahe gekommen bist?
a) Du versteckst dich hinter einem Baum.
b) Du entfernst dich langsam vom Nest.
c) Du ziehst dir eine Jacke über den Kopf.

292. Woran können Borkenkäfer einen kranken von einem gesunden Baum unterscheiden?
a) Am Geruch
b) Am rindenlosen Stamm
c) An der Feuchtigkeit

293. Welches Tier ist in vielen Tierfabeln mit dem Namen Meister Grimbart gemeint?
a) Der Fuchs
b) Der Dachs
c) Der Luchs

294. Wie heißen die männlichen Bienen?
a) Fähen
b) Drohnen
c) Bachen

295. Wie nennt der Jäger die Zeit, in der sich Füchse paaren?
a) Balzzeit
b) Laufzeit
c) Ranzzeit

Wildschwein, Wolf & Waldameise

296. Was versteht man unter Wildwechsel?
a) Die Waldtiere laufen auf festen Pfaden durch den Wald.
b) Die Waldtiere überqueren eine Straße.
c) Die Waldtiere leben abwechselnd in verschiedenen Revieren.

297. Wie werden die beiden kurzen Geweihzapfen genannt, die beim Hirsch nach dem Geweihabwurf auf der Stirn stehen bleiben?
a) Stirnzapfen
b) Geweihhöcker
c) Rosenstöcke

298. Wie viele Eier legt ein Kuckuck im Jahr?
a) 5
b) 10
c) 20

299. Welcher Vogel im Wald ruft „pink-pink"?
a) Der Buchfink
b) Die Tannenmeise
c) Der Buntspecht

300. Was ist passiert, wenn im Wald niedrige Pflanzen ringförmig niedergetrampelt sind?
a) Ein Fuchs hat einen Hasen verfolgt.
b) Ein Rehbock warb um ein Rehweibchen.
c) Auerhähne kämpften gegeneinander.

Wildschwein, Wolf & Waldameise

301. Wie viele Tierarten leben bei uns im Wald?
a) 2.000
b) 4.000
c) 7.000

302. Warum wird das Fell des Schneehasen im Winter weiß?
a) Die dunklen Haare fallen aus und neue weiße wachsen nach.
b) Die weißen Haare im Unterfell werden länger und überragen die dunklen.
c) Die schwarzen Haare werden aufgrund des Temperaturwandels weiß.

303. Was ist ein Drahtwurm?
a) Die Larve des Schnellkäfers
b) Ein Verwandter des Regenwurms
c) Ein Tausendfüßer

304. Wie kommt der Schnellkäfer zu seinem Namen?
a) Er läuft schnell.
b) Er fliegt schnell.
c) Er kann aus der Rückenlage hochschnellen.

305. Wie lang ist der in unseren Wäldern heimische Pseudoskorpion?
a) 2–4 mm
b) 2–4 cm
c) 20–40 cm

Wildschwein, Wolf & Waldameise

306. Was passiert, wenn ein Regenwurm in zwei Teile getrennt wird?
a) Aus beiden Teilen wächst ein neuer Wurm.
b) Beide Teile sterben ab.
c) Nur der vordere Teil überlebt.

307. Was machen Schnecken mit Gehäuse an heißen, trockenen Tagen?
a) Sie verkriechen sich tief ins feuchte Erdreich.
b) Sie verschließen ihr Gehäuse.
c) Sie suchen unter Blättern Schutz.

308. Wie viele Insekten und ihre Larven vertilgt eine große Kolonie von Roten Waldameisen an einem Tag?
a) Rund 1.000
b) Rund 10.000
c) Rund 100.000

309. Welcher Frosch lebt auf Bäumen?
a) Der Laubfrosch
b) Der Grünfrosch
c) Der Ochsenfrosch

310. Wie schwer ist eine Waldmaus?
a) So schwer wie 5 Stück Würfelzucker
b) So schwer wie 10 Stück Würfelzucker
c) So schwer wie 15 Stück Würfelzucker

Krake, Kröte & Krokodil ...

Tiere rund ums Wasser

311. Wie atmen Frösche?
a) Mit der Lunge
b) Mit den Kiemen
c) Mit der Haut

312. Wie töten Krokodile ihre Beute?
a) Sie ziehen die Beute unter Wasser, um sie zu ertränken.
b) Sie beißen der Beute die Schlagader am Hals durch.
c) Sie erschlagen die Beute mit ihrem Schwanz.

313. Welches Tier kann sich unbehelligt im Maul eines Krokodils aufhalten?
a) Der Putzerfisch
b) Der Krokodilwächter
c) Der Krokodilsfisch

314. Welche Farbe haben die Zähne des Bibers?
a) Weiß
b) Gelb
c) Orangerot

315. Wie viel Zeit benötigt ein Biber, um einen Baum mit einem Durchmesser von 40 cm zu fällen?
a) Eine Nacht
b) Zwei Tage
c) Eine Woche

Krake, Kröte & Krokodil

316. Wer ist der gefährlichste Raubfisch in unseren Teichen?
a) Der Katzenfisch
b) Der Hecht
c) Der Zander

317. Welcher Vogel lässt sich zur Fischjagd abrichten?
a) Der Seeadler
b) Der Pelikan
c) Der Kormoran

318. Wie tief können Pottwale tauchen?
a) 1.000 m
b) 2.000 m
c) 3.000 m

319. Wie lang werden die in den Tiefen der Meere lebenden Riesenkraken?
a) 10 m
b) 20 m
c) 30 m

320. Welches ist das größte lebende Säugetier?
a) Der Blauwal
b) Der Pottwal
c) Der Buckelwal

321. Wie viel Wasser fasst das Maul eines Blauwals?
a) 10.000 l
b) 100.000 l
c) 1 Million l

322. Wie lang ist der kleinste Fisch der Welt?
a) 0,5 cm
b) 1 cm
c) 1,5 cm

323. Welcher Fisch kann am schnellsten schwimmen?
a) Der Thunfisch
b) Der Schwertfisch
c) Der Barrakuda

324. Wie hoch können Delfine aus dem Wasser springen?
a) 3 m
b) 5 m
c) 7 m

325. Was spritzt aus den Köpfen der Wale, wenn sie auftauchen?
a) Wasser
b) Luft
c) Verdauungsgase

Krake, Kröte & Krokodil

326. Wie weit fliegt eine Küstenseeschwalbe jedes Jahr?
a) 15.000 km
b) 25.000 km
c) 36.000 km

327. Wie viele Haare wachsen auf einem Quadratzentimeter Seeotter-Haut?
a) 1.200 Haare
b) 12.000 Haare
c) 120.000 Haare

328. Was frisst ein Buckelwal?
a) Kleine Krebstiere
b) Robben
c) Tintenfische

329. Was kann der Buckelwal besonders gut?
a) Er singt wunderschön.
b) Er springt besonders hoch aus dem Wasser.
c) Er kann sehr schnell schwimmen.

330. Warum springen Delfine aus dem Wasser?
a) Sie verwischen ihre Spur für Haie, die sie verfolgen.
b) Sie müssen über Wasser Luft holen.
c) Sie schütteln so lästige Hautparasiten ab.

331. Bis in welche Tiefen verfolgen Delfine ihre Fischbeute?
a) Bis in 100 m Tiefe
b) Bis in 300 m Tiefe
c) Bis in 500 m Tiefe

332. Was unterscheidet Schwertwale von anderen Walen wie den Blau- oder Buckelwalen?
a) Sie haben keine Augen.
b) Sie haben scharfe Zähne.
c) Sie werden höchstens 5 Jahre alt.

333. Welche besondere Jagdtechnik üben Schwertwale aus?
a) Sie schnellen über Eisschollen auf ihre Beute zu.
b) Sie betäuben ihre Beute mit Ultraschalllauten.
c) Sie schlagen Unterwassersaltos, um ihre Beute einzufangen.

334. Wie viele Wasserpflanzen frisst eine Seekuh täglich?
a) 10 kg
b) 100 kg
c) 250 kg

335. Mit welchen Tieren sind Seekühe nah verwandt?
a) Mit Rindern
b) Mit Pferden
c) Mit Elefanten

Krake, Kröte & Krokodil

336. Wozu verwenden männliche See-Elefanten ihren kurzen Rüssel?
a) Zur Nahrungsaufnahme
b) Zum Trinken
c) Zum Kämpfen mit Geschlechtsgenossen

337. Wie lange können See-Elefanten tauchen?
a) 1 Stunde
b) 2 Stunden
c) 5 Stunden

338. Wie findet das Walross Muscheln am Meeresboden?
a) Mit seinen Barthaaren
b) Mit seinen scharfen Augen
c) Mit einer Art Echolot

339. Was macht die Suppenschildkröte an Land?
a) Sie legt ihre Eier ab.
b) Sie schläft.
c) Sie sonnt sich.

340. Welche Abfälle sind für Meeresschildkröten besonders gefährlich?
a) Scharfe, kantige Dosen
b) Zerbrochene Flaschen
c) Durchsichtige Plastiktüten

341. Wo liegen die Ohren der Krokodile?
a) Hinter den Augen
b) Über den Augen auf der Stirn
c) Krokodile haben keine Augen.

342. Wie kümmert sich das Spitzkrokodil um seine Jungen?
a) Es brütet sie aus und bemuttert sie.
b) Es hilft ihnen beim Schlüpfen.
c) Gar nicht, es verschwindet nach der Eiablage.

343. Wo können sich Eisbären und Pinguine begegnen?
a) Am Nordpol
b) In der Antarktis
c) Im Zoo

344. Wie schnell gleiten Fliegende Fische durch die Luft?
a) Mit 20 km/h
b) Mit 75 km/h
c) Mit 100 km/h

345. Was macht der Igelfisch bei Gefahr?
a) Er buddelt sich ganz schnell im Meeresgrund ein.
b) Er wechselt seine Hautfarbe.
c) Er pumpt sich auf.

Krake, Kröte & Krokodil

346. Wozu dient der lange leuchtende Stachel am Kopf des Schwarzen Tiefseeanglerfischs?
a) Zum Anlocken von Beutetieren
b) Zum Ausleuchten des Weges
c) Zur Verteidigung gegen Feinde

347. Was ist das Besondere beim Männchen des Tiefseeanglerfisches?
a) Es benutzt seine langen Flossen als Angel.
b) Es ist sehr viel kleiner als das Weibchen.
c) Es bellt wie ein Hund.

348. Wodurch unterscheidet sich der Mondfisch von anderen Fischen?
a) Er leuchtet.
b) Er schwimmt rückwärts.
c) Er hat keine richtige Schwanzflosse.

349. Wie findet der in mehr als 200 m Tiefe lebende Quastenflosser seine Beutefische?
a) Er benutzt Leuchtkörper.
b) Er nimmt deren elektrische Felder wahr.
c) Er findet seine Beute mit Tasthaaren.

350. Welche heute ausgestorbenen Tiere lebten, als es auch schon Quastenflosser gab?
a) Dinosaurier
b) Säbelzahntiger
c) Trilobiten

351. Zu welcher Tiergruppe gehören Delfine?
a) Zu den Säugetieren
b) Zu den Fischen
c) Zu den Lurchen

352. Warum lassen Muränen bestimmte Fische gefahrlos in ihrem Mund schwimmen und fressen sie nicht auf?
a) Weil diese Fische giftig sind
b) Weil diese Fische ihnen die Zähne säubern
c) Weil die Muränen schon satt sind

353. Wie erbeutet der in warmen Meeren lebende Rotfeuerfisch Fische?
a) Er tötet sie durch ein giftigen Biss.
b) Er betäubt sie durch einen elektrischen Schlag.
c) Er treibt sie in eine Felsspalte.

354. Wie sehen die Larven der Plattfische aus?
a) Sie sind ebenfalls platt.
b) Sie sehen wie normale Fische aus.
c) Sie sind kugelrund.

355. Welchen Vorteil hat die platte Scholle davon, dass ihre Augen auf der Oberseite des Kopfes liegen?
a) Sie kann gleichzeitig in alle Richtungen sehen.
b) Ein Auge bleibt stets zu und ruht sich aus.
c) Es kommt kein Schmutz in die Augen.

Krake, Kröte & Krokodil

356. Was sind Seepferdchen?
a) Ins Wasser zurückgekehrte Verwandte der Pferde
b) Fische
c) Meeresschnecken

357. Wozu dient der lange Schwanz des Seepferdchens?
a) Zum Schwimmen
b) Zum Festhalten an Pflanzen und Korallen
c) Zum Ergreifen von Beutetieren

358. Welche Besonderheit zeichnet Seepferdchen aus?
a) Die Männchen brüten die Eier aus.
b) Die Weibchen bringen lebende Junge zur Welt.
c) Die Tiere können stundenweise auch an Land leben.

359. Wie groß ist ein Thunfisch?
a) 1 m
b) 3 m
c) 5 m

360. Wie viele Zähne wachsen dem Hammerhai in einem Jahr nach?
a) Gar keine
b) 50
c) 150

361. Wie groß ist die Spannweite der Brustflossen des Manta-Rochens?
a) 3 m
b) 6 m
c) 9 m

362. Wie bewegt sich der Oktopus im Wasser fort?
a) Er schießt davon wie eine Rakete mit Rückstoß.
b) Er läuft auf seinen Tentakeln.
c) Er benutzt seine Tentakel als Schwimmflossen.

363. Mit welchen Augen haben die Augen von Tintenfischen Ähnlichkeit?
a) Mit denen von Insekten
b) Mit denen von Menschen
c) Mit denen von Fischen

364. Wie groß ist eine Mördermuschel?
a) 0,5 m
b) 1 m
c) 1,5 m

365. Wozu sind viele Muscheln in der Lage?
a) Sie können sehen.
b) Sie können hören.
c) Sie können riechen.

366. Warum sitzt eine Seeanemone oft auf dem Schneckengehäuse des Einsiedlerkrebses?

a) Sie schützt ihn vor Feinden.

b) Sie frisst den Krebs auf.

c) Sie nutzt den Krebs als Fortbewegungsmittel.

367. Wie viel Milch trinkt ein Blauwalbaby an einem Tag?

a) 20 l

b) 90 l

c) 200 l

368. Wie viel Prozent Fett enthält Robbenmilch?

a) 4 %

b) 20 %

c) 40 %

369. Aus wie vielen Einzelaugen besteht das Auge des Hummers?

a) Aus 6.000 Einzelaugen

b) Aus 11.000 Einzelaugen

c) Aus 14.000 Einzelaugen

370. Was ist Krill?

a) Ein Wärme erzeugendes Organ bei Tieren kalter Gewässer

b) Das Sieb im Maul der Wale

c) Kleine Krebstiere im Meer

371. Wer ernährt sich von den Krillgarnelen in den kalten Gewässern rund um die Antarktis?
a) Hummer, Seeigel und Muscheln
b) Blauwale, Mantas und Pinguine
c) Schwertwale, Hammerhaie und Muränen

372. Wo verdaut der Dornenkronen-Seestern seine Nahrung?
a) Außerhalb seines Körpers
b) Innerhalb seines Körpers
c) Er scheidet seine Nahrung unverdaut wieder aus.

373. Was sind Korallen?
a) Steine
b) Tiere
c) Pflanzen

374. Wie viel Zentimeter wächst ein Korallenriff pro Jahr?
a) Knapp 3 cm
b) 5 cm
c) Über 10 cm

375. Wie lang sind die Fangarme der 20 cm großen Portugiesischen Galeere, einer giftigen Qualle?
a) 5 m
b) 25 m
c) 50 m

Krake, Kröte & Krokodil

376. Wer baut die größten Bauwerke im Tierreich?
a) Ameisen
b) Webervögel
c) Biber

377. Wie findet der Lachs seinen Geburtsort zur Eiablage wieder?
a) Er erkennt ihn am Geruch wieder.
b) Er benutzt das Magnetfeld der Erde.
c) Er orientiert sich an der Sonne.

378. Wie fängt der Zitteraal seine Beute?
a) Er saugt sie mit geöffnetem Maul ein.
b) Er betäubt sie mit einem elektrischen Schlag.
c) Er lähmt sie mit giftigen Stacheln.

379. Welches Tier hat die größten Augen?
a) Der Riesenkalmar
b) Der Pottwal
c) Der Walhai

380. Welches ist der größte Fisch?
a) Der Weiße Hai
b) Der Riesenwels
c) Der Walhai

381. Wie schützen sich die Fische in den Eismeeren vor dem Erfrieren?
a) Sie bilden eine Art Frostschutzmittel.
b) Sie ziehen in wärmere Gewässer.
c) Gar nicht, sie lassen sich einfrieren.

382. Zu welcher Tiergruppe gehören die Tintenfische?
a) Zu den Fischen
b) Zu den Weichtieren
c) Zu den Krebstieren

383. Woher hat die Lachmöwe ihren Namen?
a) Sie brütet an kleinen Lachen und Seen.
b) Sie wird fälschlicherweise so genannt.
c) Ihr Ruf klingt wie Lachen.

384. Was kann die Libelle nicht?
a) Sie kann nicht stechen.
b) Sie kann nicht rückwärts fliegen.
c) Sie kann nicht in der Luft stehen.

385. Wo jagt die Ringelnatter ihre Beute?
a) Auf Bäumen
b) Im hohen Gras
c) Im Wasser

Krake, Kröte & Krokodil

386. Wie schwer wird ein Seehund?
a) 50 kg
b) 100 kg
c) 200 kg

387. Warum sieht man regelmäßig Austernfischer landeinwärts bzw. seewärts fliegen?
a) Sie fliegen bei jeder Störung davon.
b) Sie folgen Ebbe und Flut.
c) Sie fliegen dem Wind hinterher.

388. Wo bauen die heimischen Brandenten ihre Nester?
a) In Höhlen von Wildkaninchen und Füchsen
b) Auf hohen Bäumen
c) Am Ufer, versteckt zwischen Pflanzen

389. Wie viele Fangarme hat ein Tintenfisch?
a) 6
b) 8
c) 10

390. Was machen kleine Tiere in einem Bach, um nicht von der Strömung mitgerissen zu werden?
a) Sie verstecken sich hinter dicken Steinen.
b) Sie vergraben sich in den Bachgrund.
c) Sie meiden rasch fließende Bäche.

391. Wo leben die Larven der Libellen?
a) Am Ufer
b) Im Erdboden
c) Am Gewässergrund

392. Welche heimische Fischart kann lange Zeit im stark strömenden Wasser an einer Stelle stehen bleiben?
a) Der Karpfen
b) Die Elritze
c) Der Wels

393. Wozu dienen manchen Fischen die langen Bartfäden um ihr Maul?
a) Als Köder
b) Zum Tasten nach Beute
c) Zum Anlocken eines Partners

394. Wie erbeutet der Eisvogel einen Fisch?
a) Er stürzt sich von einem Ast ins Wasser.
b) Er steht im Wasser und schnappt nach dem Fisch.
c) Er taucht hinter dem Fisch her.

395. Warum fliegen Schwalben oft dicht über der Oberfläche von Gewässern?
a) Weil es dort viele Mücken gibt
b) Weil es dort kühler ist
c) Weil sie dort ihren Feinden besser entkommen

Krake, Kröte & Krokodil

396. Wie schwimmt der Taumelkäfer auf der Wasseroberfläche?
a) Nach dem Rückstoßprinzip
b) Mit Hilfe des Windes
c) Mit speziellen Schwimmbeinen

397. Wie erbeutet die Libellenlarve kleine Fische und Kaulquappen?
a) Sie fängt ihre Beute mit ihren bedornten Beinen.
b) Sie packt ihre Beute mit ihren Mundwerkzeugen.
c) Sie schießt einen Fangfaden auf ihre Beute ab.

398. Was machen Geburtshelferkröten nach dem Legen der Eier?
a) Weibchen und Männchen vergraben sie gemeinsam.
b) Das Männchen trägt sie auf seinem Körper.
c) Das Weibchen klebt sie unter Wasser an einen Stein.

399. Wo leben die Larven der Stechmücke?
a) In schnell fließenden, klaren Bächen
b) An der Unterseite von Blättern heimischer Bäume
c) In stehenden Gewässern

400. Welcher heimische Singvogel kann tauchen?
a) Die Uferschwalbe
b) Die Wasseramsel
c) Die Bachstelze

401. Welches Tier wird auch Wasserbiene genannt?
a) Der Wasserskorpion
b) Der Rückenschwimmer
c) Der Taumelkäfer

402. In welches Tier legt der Bitterling, ein Fisch, seine Eier?
a) In die Teichmuschel
b) In den Süßwasserpolypen
c) In den Röhrenwurm

403. Welcher Wurm heimischer Teiche saugt Blut?
a) Der Schlammröhrenwurm
b) Der Fischegel
c) Der Strudelwurm

404. Wie bekommt die Wasserspinne unter Wasser Luft?
a) Sie atmet mit Kiemen.
b) Sie nimmt sich eine große Luftblase mit unter Wasser.
c) Sie kann viele Stunden ohne Sauerstoff auskommen.

405. Wodurch zeichnet sich der Höckerschwan aus?
a) Er lässt sich beim Landen aus großer Höhe fallen.
b) Er kann unter Wasser schwimmen wie ein Fisch.
c) Er gehört zu den größten Vögeln der Erde, die fliegen können.

406. Aus welchem Erdteil wurde die Bisamratte 1905 nach Europa gebracht?
a) Aus Nordamerika
b) Aus Afrika
c) Aus Asien

407. Warum gelten Bisamratten als Schädlinge?
a) Weil sie Uferbefestigungen untergraben
b) Weil sie den Fischern die Fische wegfressen
c) Weil sie Krankheiten übertragen

408. Wo legt der heimische Aal seine Eier ab?
a) An der Quelle eines Flusses
b) Im Fluss
c) Im Meer

409. Warum ist die Haut des Grottenolms, eines Lurchs, farblos?
a) Weil er so besser getarnt ist.
b) Weil seine Haut von Schimmelpilzen überzogen ist
c) Weil er ohne Sonnenlicht im Wasser dunkler Höhlen lebt

410. Wie tief kann sich die Knoblauchkröte in den Boden eingraben?
a) 0,50 m
b) 1 m
c) 3 m

411. Wovon ernähren sich Ochsenfrösche zu einem großen Teil?
a) Von eigenen Artgenossen
b) Von Fliegen
c) Von kleinen Fischen

412. Wie lang ist der Körper des größten lebenden Froschs, des afrikanischen Goliathfroschs?
a) 20 cm
b) 30 cm
c) 40 cm

413. Wie atmen Seeschlangen?
a) Mit Lungen wie Schlangen
b) Mit Kiemen wie Fische
c) Mit der Haut wie Frösche

414. Wo lebt die Meerechse, die auch „Seetier" genannt wird?
a) Auf den Galapagos-Inseln
b) In Nordafrika
c) Auf den Philippinen

415. Wie töten die im Meer lebenden Kegelschnecken ihre Beute?
a) Sie erdrosseln sie.
b) Sie vergiften sie.
c) Sie töten sie mit einem elektrischen Schlag.

Krake, Kröte & Krokodil

416. Welche Tiere sind die nächsten Verwandten der Krokodile?
a) Eidechsen
b) Schlangen
c) Vögel

417. Wie groß ist der größte Lurch der Erde, der Ostasiatische Riesensalamander?
a) 1 m
b) 1,5 m
c) 2 m

418. Um welches Tier handelt es sich bei der Seekatze?
a) Um einen Verwandten der Haie
b) Um eine am Meer lebende Affenart
c) Um eine Art Seeschlange

419. Wie kommen Seeschlangen zur Welt?
a) Sie schlüpfen aus dem Ei.
b) Sie werden lebend geboren.
c) Sie schlüpfen im Bauch der Mutter aus ihren Eiern.

420. Wie weit schwimmen Suppenschildkröten von ihren Weidegründen zu den Nistplätzen?
a) 800 km
b) 1.200 km
c) 1.600 km

421. Welche Art von Tier ist der Schiffsbohrwurm?
a) Eine Muschel
b) Ein Röhrenwurm
c) Ein Fisch

422. Wie viele ausgewachsene Miesmuscheln finden auf einer Fläche von 1 m² Platz?
a) 200
b) 1.200
c) 2.000

423. Wo finden frisch geschlüpfte Krokodile ein sicheres Versteck vor Feinden?
a) Auf dem Rücken der Mutter
b) Im Maul der Mutter
c) Unter dem Schwanz der Mutter

424. Wie lange können Krokodile unter Wasser bleiben, ohne zu atmen?
a) 20 Minuten
b) 40 Minuten
c) 1 Stunde

425. Warum ist der Stechrochen für Menschen gefährlich?
a) Er ist giftig.
b) Er hat spitze Stacheln auf seinem Körper.
c) Er hat scharfe Zähne.

Krake, Kröte & Krokodil

426. Wie viele Fischarten gibt es auf der ganzen Welt?
a) 15.000 Arten
b) 25.000 Arten
c) 50.000 Arten

427. Warum sind Haie ständig in Bewegung?
a) Weil sie immer Hunger haben und unentwegt jagen
b) Weil sie keine Schwimmblase besitzen
c) Weil sie nur so atmen können

428. Wie bewegen sich Quallen im Wasser fort?
a) Sie öffnen und schließen ihren Körpersaum.
b) Sie lassen sich mit der Strömung treiben.
c) Sie benutzen ihre Fangarme als Ruder.

429. Wie lange können Seehunde unter Wasser bleiben?
a) 8 Minuten
b) 15 Minuten
c) 20 Minuten

430. Wie tief kann der Tümmler, ein Delfin, tauchen?
a) 300 m
b) 600 m
c) 900 m

431. Wie frisst der Fischotter kleinere Beutetiere?
a) Er legt sich im Wasser auf den Rücken.
b) Er frisst sie unter Wasser, während er taucht.
c) Er frisst sie an Land.

432. Wie fängt der Graureiher Fische?
a) Er taucht nach ihnen.
b) Er läuft pickend durchs Wasser.
c) Er lauert ihnen ruhig im Wasser stehend auf.

433. Wie schwimmen Pilgermuscheln?
a) Sie bewegen ihre herausragenden Muschelsäume auf und ab.
b) Sie klappen ihre Schalenhälften auf und zu.
c) Sie sind festgewachsen und können gar nicht schwimmen.

434. Welches ist die größte Gefahr im Leben eines Einsiedlerkrebses?
a) Das Zusammentreffen mit einem anderen Krebs
b) Der Moment, in dem er aus dem Ei schlüpft
c) Der Umzug in ein anderes Schneckengehäuse

435. Warum wedelt das Flusspferd mit dem Schwanz, wenn es seinen Kot ausscheidet?
a) Um sein Revier besser zu markieren
b) Um lästige Fliegen zu vertreiben
c) Um sich abzukühlen

Krake, Kröte & Krokodil

436. Welche Besonderheit zeichnet die Eintagsfliege aus?
a) Sie frisst andere Insekten.
b) Sie kann nur sehr kurze Strecken fliegen.
c) Sie hat keinen Mund.

437. Wie schwer kann das Nest des Weißkopf-Seeadlers werden, das er jedes Jahr wieder benutzt?
a) Bis zu 500 kg
b) Bis zu 1.000 kg
c) Bis zu 2.000 kg

438. Wie viele Fische kann der auf Island heimische Papageitaucher gleichzeitig im Schnabel tragen?
a) 5
b) 10
c) 20

439. Wie jagt ein Basstölpel Fische?
a) Er saust im Sturzflug auf sie zu.
b) Er fischt sie mit seinem dehnbaren Schnabel.
c) Er packt sie mit seinen scharfen Krallen.

440. Welche Eigenheit haben die Zähne des Krokodils?
a) Sie fallen regelmäßig aus.
b) Sie sind innen hohl.
c) Sie haben unterschiedliche Farben.

441. Welche Tiere setzen chinesische Fischer zum Fischfang ein?
a) Fischotter
b) Kormorane
c) Flussdelfine

442. Welches Meeressäugetier hat sichtbare Ohren?
a) Der Seehund
b) Der Seelöwe
c) Das Walross

443. Wie kann ein Seepferdchen Töne erzeugen?
a) Es bläst in seinen Rüssel.
b) Es macht Luftblasen.
c) Es reibt seine Schädelknochen aneinander.

444. Welche besondere Eigenschaft hat der Blutegel?
a) Er kann 2 Jahre ohne Nahrung überleben.
b) Er hat Augen auf seinem Bauch.
c) Sein Blut ist grün.

445. Wie viele Nasenlöcher hat ein Pottwal?
a) 1
b) 2
c) 3

446. Was macht der Krake, um seinen Feinden zu entkommen?
a) Er schlägt Haken.
b) Er sondert eine Tintenwolke ab.
c) Er trennt sich von einem seiner Greifarme.

447. Was ist das Besondere an dem kleinen Rheobatrachus-Frosch, der in Australien lebt?
a) Er lebt im Beutel des Kängurus.
b) Er kann nicht schwimmen.
c) Er frisst seine eigenen Eier auf.

448. Welches Meerestier ist für Menschen am gefährlichsten?
a) Der Riesentintenfisch
b) Die Seewespe
c) Der Weiße Hai

449. Wodurch unterscheiden sich junge Zwergflusspferde von ausgewachsenen Tieren?
a) Sie sind wasserscheu.
b) Sie sind Fleischfresser.
c) Sie sind gestreift wie ein Zebra.

450. Was macht ein Seestern, wenn er eine Muschel fressen will?
a) Er beißt ihre Schalen durch.
b) Er steckt seinen Magen in ihr Gehäuse.
c) Er teilt sie mit kräftigen Schlägen entzwei.

451. Welche Eigenart besitzt das Auge des Tintenfisches?

a) Es ist viereckig.
b) Es kann UV-Strahlen sehen.
c) Es kann keine Farben unterscheiden.

452. Welches ist der am stärksten ausgeprägte Sinn des Hais?

a) Der Geruchssinn
b) Das Gehör
c) Das Sehvermögen

453. Was ist das Besondere an den Knochen des Pelikans?

a) Sie sind blau.
b) Sie enthalten Luft.
c) Sie sind biegsam.

454. Welche Besonderheit zeichnet die Winkerkrabbe aus?

a) Sie gibt schnurrende Töne von sich.
b) Eine Schere ist größer als die andere.
c) Sie blendet ihre Beutetiere mit grellem Licht.

455. Welcher Vogel hat die größte Flügelspannweite?

a) Der Pelikan
b) Der Schwan
c) Der Albatros

Krake, Kröte & Krokodil

456. Warum ist das Gefieder des Flamingos rosa?
a) Zur Tarnung beim Brüten
b) Durch seine Nahrung
c) Zur Abschreckung von Feinden

457. Was kann das kleine Teichhuhn besonders gut?
a) Es kann stundenlang unter Wasser tauchen.
b) Es kann sich gegen riesige Adler wehren.
c) Es kann auf den Blättern von Seerosen laufen.

458. Wie erbeuten die in tropischen Gewässern lebenden Schützenfische Insekten?
a) Sie schießen die Insekten mit einem Wasserstrahl ab.
b) Sie erbeuten die Insekten bei einem Sprung aus dem Wasser.
c) Sie graben die Insekten aus dem sandigen Grund aus.

459. Wie viele verschiedene Hai-Arten gibt es auf der ganzen Welt?
a) 150
b) 250
c) 350

460. Wie viele Beine hat der Hummer?
a) 6
b) 8
c) 10

461. Mit welchen Tieren ist die Seegurke verwandt?
a) Mit Würmern
b) Mit Seesternen
c) Mit Muränen

462. Wie schnell kann sich der Schlammspringer an Land fortbewegen?
a) Langsamer als eine Schnecke
b) So schnell wie ein Maulwurf
c) Schneller als ein Mensch

463. Wie lange braucht ein Schwarm Piranhas, um ein 45 kg schweres Wasserschwein bis auf das Skelett zu zerfleischen?
a) Wenige Minuten
b) Eine Stunde
c) Einen halben Tag

464. Wie viele Kaulquappen frisst die Larve des heimischen Gelbrandkäfers in einem Sommer?
a) 200
b) 900
c) 2.000

465. Wie viel Wasser durchströmt eine Muschel in einer Stunde?
a) 10 l
b) 20 l
c) 40 l

Panda, Panther & Papagei ...

Tiere im Regenwald

466. Welches ist das giftigste Tier der Welt?
a) Die Kobra
b) Die Klapperschlange
c) Der Pfeilgiftfrosch

467. Wie scheiden die Pfeilgiftfrösche ihr Gift aus?
a) Über die Haut
b) Über einen Giftzahn
c) Über die Zunge

468. Wie spürt der Baumpython seine Beute auf?
a) Er riecht sie.
b) Er nimmt ihre Körperwärme wahr.
c) Er sieht sie.

469. Warum richtet sich die Indische Kobra bei den Flötentönen eines Schlangenbeschwörers auf?
a) Weil sie sich verteidigen will
b) Weil sie so dressiert wurde
c) Weil sie gerne tanzt

470. Welches Tier flieht nicht, wenn sich eine Kobraschlange drohend aufrichtet?
a) Der Tiger
b) Der Ozelot
c) Der Mungo

Panda, Panther & Papagei

471. Welche besondere Eigenschaft haben die Augen des Chamäleons?
a) Sie bewegen sich unabhängig voneinander.
b) Sie erkennen Beutetiere aus sehr großer Entfernung.
c) Sie können nur Grün und Rot unterscheiden.

472. Wie groß ist das kleinste Chamäleon der Welt?
a) So groß wie ein Fingernagel.
b) So groß wie ein Daumen.
c) So groß wie eine Hand.

473. Welche besondere Fähigkeit haben Kolibris?
a) Sie können in der Luft stehen wie ein Hubschrauber.
b) Sie können unter Wasser tauchen wie ein Fisch.
c) Sie können sich durch den Boden graben wie ein Maulwurf.

474. Mit welchem Körperteil fliegt der Flugdrache Draco, der im indonesischen Regenwald lebt?
a) Mit vergrößerten Pfoten
b) Mit gefiederten Flügeln
c) Mit einer Flughaut

475. Warum macht die Klapperschlange ein rasselndes Geräusch?

a) Um Weibchen anzulocken
b) Um Feinde abzuwehren
c) Um Artgenossen vor drohender Gefahr zu warnen

476. Warum ist der Biss des bis zu 3 m langen Komodowarans fast immer tödlich?

a) Weil er extrem lange und spitze Zähne hat
b) Weil er sein Opfer stets in zwei Teile teilt
c) Weil sein Speichel viele Keime enthält

477. Wie schafft es der Gecko, senkrechte Zimmerwände hochzulaufen?

a) Seine Füße haben borstenreiche Lamellen.
b) Seine Füße haben Saugnäpfe.
c) Seine Füße sind klebrig.

478. Welches heimische Tier ernährt sich auf die gleiche Weise wie das in den Urwäldern Madagaskars lebende Fingertier?

a) Der Buntspecht
b) Der Maulwurf
c) Der Igel

Panda, Panther & Papagei

479. Wozu dient den Kapuzineraffen ihr langer Schwanz?
a) Sie verscheuchen damit Fliegen.
b) Sie lassen sich mit ihm von einem Ast herabhängen.
c) Sie kratzen sich mit ihm in den Ohren.

480. Wie viele Kilometer legen Totenkopfaffen bei der Nahrungssuche im Urwald täglich zurück?
a) 1 km
b) 3 km
c) 4 km

481. Wie schwer ist der 30 cm große Löwenkopfaffe aus den Urwäldern Südamerikas?
a) 300 g
b) 500 g
c) 800 g

482. Welches besondere Merkmal neben den großen Nasen haben Nasenaffen?
a) Einen dicken Bauch
b) Große Schwimmfüße
c) Einen leuchtenden Haarkamm auf dem Hinterkopf

483. Wie weit kann ein Gibbonaffe von Baum zu Baum springen?
a) 5 m
b) 8 m
c) 10 m

484. Wo verbringen Orang-Utans die Nacht?
a) Im Nest auf einem Baum
b) Im Gestrüpp
c) In einer Erdhöhle

485. Wie schwer wird ein Gorillamännchen?
a) 175 kg
b) 225 kg
c) 275 kg

486. Wie heißt das ausgewachsene Gorillamännchen, das eine Familiengruppe leitet?
a) Schwarzrücken
b) Weißrücken
c) Silberrücken

487. Wo leben die Gorillas in den Regenwäldern Afrikas hauptsächlich?
a) Auf dem Boden
b) Auf Bäumen
c) Am Ufer der Flüsse

488. Welches ist die größte Raubkatze im südamerikanischen Regenwald?
a) Der Löwe
b) Der Jaguar
c) Der Panther

489. Warum ist das Fell des im asiatischen Dschungel lebenden Tigers gestreift?
a) Um gut getarnt zu sein
b) Um Weibchen zu beeindrucken
c) Um Körperparasiten abzuwehren

490. Wievielmal besser als ein Mensch kann ein Tiger im Dunkeln sehen?
a) Doppelt so gut
b) Fünfmal besser
c) Zwanzigmal besser

491. Wie viel Blut braucht die Vampirfledermaus, die in den Urwäldern Mittel- und Südamerikas lebt, jährlich?
a) 10 l
b) 15 l
c) 25 l

492. Wer wird wach, wenn sich eine Vampirfledermaus nähert?
a) Die Katze
b) Der Hund
c) Der Mensch

493. Welches ist die längste Giftschlange der Welt?
a) Die Königskobra
b) Die Mamba
c) Die Anakonda

494. Wie schnell kann sich eine Schwarze Mamba fortbewegen?
a) Mit 5 km/h wie ein Fußgänger
b) Mit 10 km/h wie ein Kind auf einem Fahrrad
c) Mit 20 km/h wie ein Traktor auf dem Feld

495. Welche Besonderheit zeichnet die Eier der in Südamerika heimischen Agakröte aus?
a) Sie sind giftig.
b) Sie leuchten im Dunkeln.
c) Sie enthalten mehrere Junge.

496. Wo wachsen die Kaulquappen der giftigen Pfeilgiftfrösche auf?
a) In Bächen und Flüssen
b) In wassergefüllten Blättern von Bromelien
c) Auf dem Rücken der Eltern

497. Wie schwer ist ein Kolibri?
a) 3 g
b) 10 g
c) 25 g

498. Welchen Rekord hält der Pandabär?
a) Er ist der schwerste Bär.
b) Er ist der schnellste Bär.
c) Er ist der seltenste Bär.

499. Wovon ernährt sich der Pandabär?
a) Von Ameisen
b) Von Bambussprossen
c) Von Vogeleiern

500. Wie bewegen sich Faultiere auf dem Boden vorwärts?
a) Sie laufen auf allen vieren.
b) Sie kriechen auf dem Bauch.
c) Sie laufen auf den Hinterbeinen.

501. Was können Faultiere nicht?
a) Sie können ihren Kopf nicht wie Eulen um 180 Grad drehen.
b) Sie können nicht wie Hunde im Wasser schwimmen.
c) Sie können keine krabbelnden Käfer und Spinnen fangen.

Panda, Panther & Papagei

502. Welches Tier hat die lauteste Stimme aller Tiere?
a) Der Brüllaffe
b) Der Löwe
c) Der Elefant

503. Wie groß ist die Spannweite des größten Schmetterlings, wenn er seine Flügel ganz ausbreitet?
a) 20 cm
b) 28 cm
c) 35 cm

504. Welches ist die längste Schlange der Welt?
a) Die Netzpython
b) Die Anakonda
c) Die Riesenkobra

505. Wie viele Beine hat der größte Tausendfüßer der Welt?
a) 1.000
b) 870
c) 680

506. Welches ist die größte Spinne der Welt?
a) Die Vogelspinne
b) Die Schwarze Witwe
c) Die Wolfsspinne

Panda, Panther & Papagei

507. Wie groß ist das Nest der Hummelelfe, eines kleinen Kolibris?
a) 4 cm
b) 10 cm
c) 15 cm

508. Wo leben die Schwarzen Panther?
a) In Südamerika
b) In Afrika
c) In Asien

509. Wann wird das Chamäleon rot?
a) Wenn ihm kalt ist
b) Wenn ihm warm ist
c) Wenn es Angst hat

510. Was passiert, wenn zwei Gorillas miteinander kämpfen?
a) Es gibt immer einen Toten.
b) Es gibt selten einen Verwundeten.
c) Der Sieger ist ab sofort Leiter des Rudels.

511. Was macht der Pfeilgiftfrosch, um seine Eier zu schützen?
a) Er baut ein schwimmendes Nest.
b) Er baut einen Schutzwall.
c) Er legt sie auf einem Baum ab.

512. Wie schützt sich die Speikobra vor Feinden?
a) Sie lässt ihre Opfer erblinden.
b) Sie wird rot.
c) Sie macht einen furchtbaren Lärm.

513. Wie nimmt der Nasenaffe Nahrung zu sich?
a) Er hält sich die Ohren zu.
b) Er biegt seinen Kopf nach unten.
c) Er schiebt seine Nase zur Seite.

514. Welche Besonderheit zeichnet den Turacus, einen Vogel aus den Regenwäldern Afrikas, aus?
a) Er legt keine Eier.
b) Seine rote Farbe ist nicht wasserfest.
c) Sein Schnabel ist länger als sein Körper.

515. Wo sitzt das Schuppentierjunge, wenn seine Mutter mit ihm spazieren geht?
a) Auf ihrem Schwanz
b) Auf ihrem Kopf
c) Auf ihrem Rücken

516. Welche besondere Eigenschaft haben die Eier des Paradiesvogels?
a) Sie sind bunt.
b) Sie sind steinhart.
c) Sie haben eine doppelte Schale.

Panda, Panther & Papagei

517. Welche Besonderheit zeichnet den asiatischen Schabrackentapir aus?
a) Er ist ein reiner Fleischfresser.
b) Er ist schwarz und weiß.
c) Er ernährt sich ausschließlich von Erdnüssen.

518. Was macht das südamerikanische Goldkrötenmännchen, um ein Weibchen anzulocken?
a) Es benutzt Bananenparfüm.
b) Es streckt seine Zunge heraus.
c) Es leuchtet rot.

519. Welches Tier fängt seine Beute mit der Zunge?
a) Der Grüne Leguan
b) Die Schwarze Mamba
c) Das Chamäleon

520. Welcher Vogel lernt am schnellsten sprechen?
a) Der Beo
b) Der Papagei
c) Der Wellensittich

521. Warum ist die Gottesanbeterin aus Malaysia rot?
a) Um zu zeigen, dass sie giftig ist.
b) Um sich in Blumen zu tarnen.
c) Weil sie sich von Erdbeeren ernährt.

522. Wie knackt der Ameisenbär, der keine Zähne hat, den Panzer von Insekten auf?

a) Er tritt auf ihnen herum.
b) Er schält sie mit der Zunge heraus.
c) Er zerreibt sie im Magen.

523. Warum steigt das Faultier einmal wöchentlich von seinem Baum herunter?

a) Um sich Vorräte anzulegen
b) Um das Leittier zu treffen
c) Um seine Notdurft zu verrichten

524. Was erwartet eine Vampirfledermaus, wenn sie mit leerem Magen in ihren Unterschlupf zurückkehrt?

a) Sie bekommt Blut von den anderen Fledermäusen.
b) Sie wird aufgefressen.
c) Sie muss draußen schlafen.

525. Welche Besonderheit zeichnet das Neunbinden-Gürteltier aus?

a) Es trägt einen Ledergürtel.
b) Es bringt immer Vierlinge zur Welt.
c) Es transportiert seine Nahrung auf dem Rücken.

Panda, Panther & Papagei

526. Warum hat der Hoatzin, ein Vogel aus Südamerika, den Spitznamen „Stinke-Vogel"?
a) Weil er Mundgeruch hat
b) Weil er sich im Kot suhlt
c) Weil er sein Nest nie säubert

527. Was machen männliche Paradiesvögel, um den Weibchen zu imponieren?
a) Sie fliegen auf dem Rücken.
b) Sie schenken ihnen die schönsten Federn.
c) Sie zeigen akrobatische Kunststücke.

528. Welches typische Merkmal hat der Hoatzin, ein Vogel aus den Tropen Südamerikas?
a) Er hat Krallen an seinen Flügeln.
b) Er hat keine Flügel.
c) Er hat drei Füße.

529. Was macht ein kleiner brasilianischer Affe, wenn er wütend wird?
a) Er fällt vom Baum.
b) Er rauft sich die Haare.
c) Er wird rot im Gesicht.

530. Wo paaren sich die Landkrabben, die im tropischen Regenwald heimisch sind?
a) Auf Bäumen
b) Im Meer
c) Unter der Erde

531. Was passiert mit dem Faultier während der Regenzeit?
a) Seine Haut wird wasserdicht.
b) Ihm wachsen Algen auf dem Rücken.
c) Seine Daumennägel wachsen um das Doppelte.

532. Wovon ernährt sich die Blattschneiderameise?
a) Von Pilzen
b) Von Blättern
c) Von Insekten

533. Welche Eigenschaft haben die Zähne des Komodowarans?
a) Jeder von ihnen wiegt 500 Gramm.
b) Sie sind blau.
c) Sie wachsen immer wieder nach.

534. Warum nagen die Aras, die größten Papageien der Welt, manchmal den Boden an?
a) Um ihren Schnabel zu schärfen
b) Um Mineralien zu sich zu nehmen
c) Um ihr Revier zu markieren

535. Wie befördert der Tukan mit seinem großen Schnabel eine Beere in sein Maul?
a) Er schiebt die Beere mit seiner Zunge ins Maul.
b) Er saugt die Beere ein.
c) Er wirft die Beere hoch in die Luft und fängt sie auf.

Panda, Panther & Papagei

536. Um welches Tier handelt es sich beim Fliegenden Hund?
a) Um einen Hund
b) Um ein Hörnchen
c) Um eine Fledermaus

537. Wie schwer können die Beutetiere des südamerikanischen Jaguars sein?
a) Doppelt so schwer wie er
b) Viermal so schwer wie er
c) Zehnmal so schwer wie er

538. Mit welchen heimischen Tieren sind die südamerikanischen Pekaris nah verwandt?
a) Mit Wildschweinen
b) Mit Hirschen
c) Mit Füchsen

539. Wie verständigen sich Tapire untereinander im dichten Dschungel?
a) Mit Ultraschalllauten
b) Mit Pfeiflauten
c) Mit Trommelschlägen auf Baumstämmen

540. Wie schnell können sich Gibbons durch die Baumkronen bewegen?
a) Mit 10 km/h
b) Mit 20 km/h
c) Mit 30 km/h

541. Wie häufig bringt ein Orang-Utan-Weibchen ein Junges zur Welt?
a) Jedes Jahr
b) Alle 3—4 Jahre
c) Alle 8—12 Jahre

542. Wie groß sind die Netze der Madagassischen Seidenspinne?
a) 50 cm
b) 1 m
c) 2 m

543. Wie viel Prozent aller bekannten Schmetterlingsarten leben in den tropischen Regenwäldern Amerikas?
a) 20 Prozent
b) 50 Prozent
c) 80 Prozent

544. Wie weit kann man einen Brüllaffen hören?
a) 1 km
b) 3 km
c) 5 km

545. Wie sieht der Indische Blattschmetterling aus?
a) Wie ein welkes Blatt
b) Wie ein bunt gefärbtes Blatt
c) Wie ein frisches Blatt

546. Welche Tiere fühlen sich von Kolibris gestört und greifen sie an?
a) Vogelspinnen
b) Tausendfüßer
c) Hummeln

547. Wie lang sind die Krallen der Harpyie, eines gefährlichen Greifvogels?
a) 6 cm
b) 10 cm
c) 15 cm

548. Wo verbringen südamerikanische Gelbohr-Fledermäuse den Tag?
a) In einer Baumhöhle
b) Unter einem schützenden Blätterdach
c) In einer Berghöhle

549. Wie groß ist die Spannweite des größten Flughundes, wenn er seine Flügel ausbreitet?
a) 70 cm
b) 120 cm
c) 170 cm

550. Wo kann man oft besonders viele Schmetterlinge sehen?
a) An flachen Uferstellen
b) Auf salzhaltigen Sandflächen
c) Auf felsigen Wänden

551. Wie lange bleiben junge Aras in ihrer Bruthöhle sitzen?
a) 2 Wochen
b) 6 Wochen
c) 12 Wochen

552. Wie viele Ameisen frisst ein Ameisenbär an einem Tag?
a) Bis zu 200.000
b) Rund 50.000
c) Höchstens 10.000

553. Welchen Rekord hält das Aguti, ein katzengroßer Verwandter des Meerschweinchens?
a) Es kann als einziges Tier die harten Paranüsse öffnen.
b) Es kann Blüten aus 2 km Entfernung erkennen.
c) Es kann zehnmal so hoch wie seine Körpergröße springen.

554. Welche besonderen Bienen leben in den südamerikanischen Regenwäldern?
a) Fisch fangende Bienen
b) Fleisch fressende Bienen
c) Flügellose Bienen

Panda, Panther & Papagei

555. Wie groß ist das kleinste Huftier der Welt?
a) So groß wie ein Kaninchen
b) So groß wie eine Katze
c) So groß wie eine Maus

556. Welcher Verwandte der Giraffe lebt in den Regenwäldern Afrikas?
a) Der Ducker
b) Das Moschustier
c) Das Okapi

557. Welches ist das größte Tier in den asiatischen Regenwäldern?
a) Der Elefant
b) Der Tiger
c) Der Kasuar

558. Was bedeutet der Name des Menschenaffen „Orang-Utan" übersetzt?
a) Großkopf
b) Waldmensch
c) Dickbauch

559. Welches unserer Haustiere hat noch lebende Vorfahren in den Regenwäldern Asiens?
a) Das Schaf
b) Die Brieftaube
c) Das Haushuhn

560. Welcher besondere Frosch lebt in den Regenwäldern Asiens?
a) Der Flugfrosch
b) Der Breitmaulfrosch
c) Der Kannibalenfrosch

561. Aus welcher Entfernung kann der rot-gelbe Kometenschweif-Falter ein Weibchen riechen?
a) Aus 100 m Entfernung
b) Aus 800 m Entfernung
c) Aus mehreren Kilometern Entfernung

562. Was passiert mit einigen Insektenarten, nachdem sie die giftigen Blätter der Passionspflanze gefressen haben?
a) Ihre Haut verfärbt sich.
b) Sie werden selbst giftig.
c) Aus ihren Eiern entwickeln sich keine Nachkommen mehr.

563. Was sammeln die Männchen der Prachtbienen an Orchideenblüten?
a) Nektar
b) Blütenstaub
c) Duftstoffe

Panda, Panther & Papagei

564. Was können Termiten im Gegensatz zu den meisten anderen Tieren verdauen?
a) Steine
b) Holz
c) Pilze

565. Warum sind Treiberameisen im Regenwald so gefürchtet?
a) Sie fressen selbst kleine Säugetiere bei lebendigem Leib auf.
b) Sie spritzen ihr Gift viele hundert Meter weit.
c) Ihre riesigen Nester bringen Bäume zum Einstürzen.

566. Zu welcher Tiergruppe gehört das Fingertier aus Madagaskar?
a) Zu den Insektenfressern
b) Zu den Nagetieren
c) Zu den Affen

567. Wozu ist der Hirscheber, ein in Indonesien lebender Verwandter des Wildschweins, in der Lage?
a) Er kann über das Meer schwimmen.
b) Er kann metertiefe Höhlen in den Erdboden graben.
c) Er kann wie ein Hirsch röhren.

568. Wie kommt der Glasfrosch zu seinem Namen?
a) Er hat glasklare Augen.
b) Seine Haut ist durchsichtig.
c) Er hält sich besonders gern auf Glasscheiben auf.

569. Wie erbeutet der Schlanklori, ein kleiner Lemur, seine Insektenbeute?
a) Mit seinen scharfen Zähnen
b) Mit seiner klebrigen Zunge
c) Mit seinen Händen

570. Woran erinnert das Aussehen des Schuppentiers?
a) An einen Tannenzapfen
b) An eine Gurke
c) An einen Kaktus

571. Wie lang ist die Zunge des insgesamt 1,5 m langen Riesenschuppentiers?
a) 10 cm
b) 25 cm
c) 40 cm

572. Wie sorgt der Potto, ein Halbaffe, dafür, dass er im Schlaf nicht vom Ast fällt?
a) Er bohrt sich mit seinen spitzen Wirbeln im Nacken in die Baumrinde.
b) Er klebt sich mit dem Bauch an einen Ast fest.
c) Er wickelt sich um einen dicken Strang Lianen.

Panda, Panther & Papagei

573. Welches Tier verbirgt sich hinter dem Namen Palmendieb?
a) Ein Vogel
b) Eine Echse
c) Eine Krabbe

574. Welches Verhalten zeigen die Amazonasameisen?
a) Sie verspeisen ihre Opfer bei lebendigem Leib.
b) Sie überfallen fremde Ameisenvölker.
c) Sie halten sich Honigbienen in ihrem Bau.

575. Welches besondere Merkmal haben viele Kriechtiere?
a) Ein drittes Auge auf der Stirn
b) Ein zusätzliches Gelenk in den Beinen
c) Einen ausfahrbaren Giftstachel

576. Wie hoch sind die Bruthügel der asiatischen Buschhühner?
a) 1 m
b) 2 m
c) 3 m

577. Was tun Basilisken, tropische Kriechtiere, bei drohender Gefahr?
a) Sie laufen auf den Hinterbeinen schnell davon.
b) Sie schießen giftiges Blut aus ihren Augen.
c) Sie fliegen davon.

578. Wie viel Nahrung muss ein 3 g schwerer Kolibri täglich zu sich nehmen?
a) 1 g
b) 3 g
c) 6 g

579. Welchen Rekord hält das Wasserschwein?
a) Es ist das einzige Schwein, das tauchen kann.
b) Es ist das größte Nagetier.
c) Es ist das kleinste Schwein.

580. Wie groß sind die langen Nasen der Nasenaffen?
a) 10 cm
b) 18 cm
c) 25 cm

581. Wo wachsen die Jungen der tropischen Wabenkröte heran?
a) In Löchern auf dem Rücken der Mutter
b) In einem Brutbeutel auf dem Bauch der Väter
c) Im Innern von Muscheln

582. Wie schwer ist der Goliathkäfer, das schwerste fliegende Insekt?
a) 25 g
b) 40 g
c) 100 g

Panda, Panther & Papagei

583. Wozu nutzt der Helmkasuar seinen großen Knochenwulst auf dem Kopf?
a) Er erzeugt damit Töne.
b) Er erntet damit hoch hängende Früchte.
c) Er bahnt sich damit einen Weg durchs Unterholz.

584. Was machen Arapapageien morgens bei Sonnenaufgang?
a) Sie nehmen ein Sonnenbad.
b) Sie fliegen kreischend zu den Futterplätzen.
c) Sie trinken 1 l Wasser.

585. Wie schläft der Blaustirnsittich nachts?
a) Er hängt kopfüber an einem Ast.
b) Er gräbt sich in den Erdboden ein.
c) Er legt seinen Kopf auf den Rücken.

586. Was macht das Männchen des Nashornvogels, nachdem das Weibchen seine Eier in eine Baumhöhle gelegt hat?
a) Es verschwindet für immer.
b) Es frisst alle Eier bis auf eines auf.
c) Es verschließt die Öffnung der Baumhöhle.

587. Womit halten die Blatt-Nester der asiatischen Weberameisen zusammen?
a) Mit Halmen, die um Blätter geschlungen sind
b) Mit der klebrigen Seide der Larven
c) Mit zu Papier zerkautem Holz

588. Welches Tier plagt die Menschen im Regenwald am meisten?
a) Die Giftschlange
b) Der Blutegel
c) Die Stechmücke

589. Welche besondere Fähigkeit hat die Paradiesbaumnatter?
a) Sie kann kurze Gleitflüge machen.
b) Sie kann 25 Jahre lang hungern.
c) Sie kann große Raubtiere überwältigen.

590. Wie weit kann ein Schimpanse aus dem Stand springen?
a) 1 m
b) 2,5 m
c) 5 m

Echse, Erdferkel & Elefant ...

Tiere in der Steppe

591. Welches ist das größte heute lebende Landsäugetier?
a) Der Afrikanische Elefant
b) Der Indische Elefant
c) Das Nashorn

592. Woraus bestehen die Stoßzähne der Elefanten?
a) Alabaster
b) Elfenbein
c) Zahnstein

593. Worin – neben der Körpergröße – unterscheidet sich der Afrikanische Elefant vom Indischen?
a) In der Farbe der Stoßzähne
b) In der Länge des Rüssels
c) In der Größe der Ohren

594. Menschen haben sieben Halswirbel. Wie viele haben Giraffen?
a) 7
b) 14
c) 21

595. In welcher Höhe können Giraffen Blätter von den Bäumen abfressen?
a) 4 m
b) 6 m
c) 8 m

Echse, Erdferkel & Elefant

596. Was befindet sich in den Höckern der Kamele?
a) Wasser
b) Fett
c) Knorpel

597. Welches ist das schnellste Landsäugetier?
a) Der Windhund
b) Das Wildpferd
c) Der Gepard

598. Bis zu welcher Entfernung kann ein Luchs ein Geräusch wahrnehmen?
a) 500 m
b) 1 km
c) 1,5 km

599. Zu welcher Tiergruppe gehört das Känguru?
a) Zu den Hasentieren
b) Zu den Springtieren
c) Zu den Beuteltieren

600. Wozu dient der Schwanz des Kängurus?
a) Zum Steuern beim Springen
b) Als Waffe gegen Feinde
c) Als Stütze beim Liegen

601. Welchen Rekord hält der Vogel Strauß?
a) Er ist der größte Vogel.
b) Er kann den Kopf am tiefsten in den Sand stecken.
c) Er lebt auf allen Kontinenten der Erde.

602. Wie viel wiegt ein Straußenei?
a) 500 g
b) 1.000 g
c) 1.500 g

603. Wie schnell kann der Strauß laufen?
a) 20 km/h
b) 50 km/h
c) 65 km/h

604. Wie weit ist das Brüllen eines Löwen zu hören?
a) 2 km
b) 8 km
c) 15 km

605. Was fressen Riesenschildkröten, um den für den Knochenpanzer wichtigen Kalk aufzunehmen?
a) Steine
b) Kalkhaltiges Wasser
c) Vogelkot

Echse, Erdferkel & Elefant

606. Wie viel Meter legt die Riesenschildkröte in 1 Minute zurück?
a) 2 m
b) 5 m
c) 10 m

607. Wie leben Termiten?
a) In einem Staat wie Ameisen
b) Allein wie Käfer
c) Zusammen mit einem festen Partner wie viele Vögel

608. Welchen Rekord halten die Termiten?
a) Sie können besonders gut klettern.
b) Sie können sehr weit springen.
c) Sie können sehr hohe Bauwerke errichten.

609. Wie viel größer als die Arbeiterinnen ist die Termitenkönigin?
a) Zehnmal größer
b) Fünfzigmal größer
c) Hundertmal größer

610. Welches besondere Verhalten zeigen Gerunukus, afrikanische Gazellen, beim Fressen?
a) Sie stellen sich auf die Hinterbeine.
b) Sie klettern in die Baumkronen.
c) Sie graben sich durch den Erdboden.

611. Welche Großkatzen leben in Rudeln?
a) Tiger
b) Leoparden
c) Löwen

612. Wie fangen Skorpione ihre Beute?
a) Mit ihren Scheren
b) Mit ihrem Giftstachel
c) Mit ihren Vorderbeinen

613. Wie hören Schlangen?
a) Mit ihren Ohren
b) Mit ihrem Unterkiefer
c) Gar nicht

614. Wie lang sind die Stacheln des Stachelschweins?
a) 20 cm
b) 40 cm
c) 60 cm

615. Mit welchem Tier ist das Stachelschwein verwandt?
a) Mit dem Igel
b) Mit dem Meerschweinchen
c) Mit dem Schwein

Echse, Erdferkel & Elefant

616. Warum sind die afrikanischen Schlitzrüssler gefährlich?
a) Weil sie ganze Getreidefelder vernichten
b) Weil sie sehr giftig sind
c) Weil sie Häuser annagen und sie zum Einsturz bringen

617. Wo tritt bei den Krustenechsen das Gift aus?
a) Aus den Zähnen
b) Aus der Haut
c) Aus einem Giftstachel

618. Wie groß ist die Schwarze Witwe?
a) So groß wie eine Erbse
b) So groß wie eine Erdbeere
c) So groß wie ein Aprikose

619. Welches Geschlecht der Schwarzen Witwe ist giftig?
a) Nur das Männchen
b) Nur das Weibchen
c) Männchen und Weibchen

620. Wie verhält sich die Kragenechse auf der Flucht?
a) Sie gräbt sich blitzschnell ein.
b) Sie spurtet auf den Hinterbeinen davon.
c) Sie versprüht einen übel riechenden Duftstoff.

Echse, Erdferkel & Elefant

621. Wie transportiert die Pavianmutter ihr Junges?
a) Es sitzt auf ihrer Schulter.
b) Es hält sich an ihrem Bauch fest.
c) Es reitet auf ihrem Rücken.

622. Wovon ernähren sich Schimpansen neben Früchten und Blättern?
a) Von Regenwürmern
b) Von Fleisch
c) Von Fisch

623. Wie viele Tage kann ein Kamel überleben, ohne zu trinken?
a) 40 Tage
b) 60 Tage
c) 100 Tage

624. Welches Landtier hat das größte Herz?
a) Die Giraffe
b) Der Elefant
c) Das Nashorn

625. Welche Tiere fressen in der Savanne Afrikas tote Tierkadaver?
a) Löwen und Leoparden
b) Hyänen und Schakale
c) Adler und Strauße

Echse, Erdferkel & Elefant

626. Wie heißt das Kamel mit den zwei Höckern auf dem Rücken?
a) Trampeltier
b) Dromedar
c) Wüstentier

627. Wie verspeist die Eierschlange ein Ei?
a) Sie beißt ein Loch hinein und saugt es aus.
b) Sie verschluckt das ganze Ei.
c) Sie zerquetscht das Ei mit ihrem Würgegriff.

628. Warum verbrennt sich das Kamel im heißen Sand nicht die Füße?
a) Weil es auf Zehenspitzen läuft
b) Weil seine Haut unempfindlich gegen Hitze ist
c) Weil ihm die Beduinen eine Art Sandale anziehen

629. Was macht der Leopard, wenn etwas von seiner Nahrung übrig bleibt?
a) Er vergräbt sie.
b) Er lässt sie liegen.
c) Er schleppt sie auf einen Baum.

630. Wie setzen sich Termitensoldaten gegen Feinde aus anderen Kolonien zur Wehr?
a) Sie ahmen die Geräusche des Ameisenbärs nach.
b) Sie sondern ein klebriges Segment ab.
c) Sie zerstören ihren Bau, um Feinde darin zu begraben.

631. Welcher Vogel benutzt einen Stein, um Eier aufzubrechen?
a) Der Schmutzgeier
b) Der Marabu
c) Der Bartgeier

632. Welches Tier baut unterirdische Städte, die fast so groß wie menschliche Städte werden können?
a) Der Wüstenhase
b) Die Feldratte
c) Der Präriehund

633. Wie weit können Afrikanische Elefanten ihre Artgenossen hören?
a) 4 km
b) 8 km
c) 12 km

634. Was macht der Seidenlaubenvogel, um ein Weibchen in seine „Liebeslaube" zu locken?
a) Er legt eine Orchidee vor die Tür.
b) Er streicht die Wände blau.
c) Er singt im Regen.

635. Was haben die Schwarze Witwe, die Gottesanbeterin und der Wüstenskorpion gemeinsam?
a) Alle Weibchen fressen die Männchen.
b) Alle drei haben keine Flügel.
c) Alle drei Arten sind giftig.

Echse, Erdferkel & Elefant

636. Was ist das Besondere am Panzer der Landschildkröte?
a) Er schrumpft am Ende ihres Lebens zusammen.
b) Er ist die Verlängerung des Skelettes.
c) Er kann schwitzen.

637. Was macht der Wachtelkönig, bevor er anfängt zu singen?
a) Er regt andere Vögel an, ihn zu begleiten.
b) Er bastelt sich eine Art Flöte aus Schilfrohr.
c) Er steigt auf einen zuvor gebauten Hügel.

638. Welche Besonderheit zeichnet das Weibchen des Indischen Elefanten aus?
a) Sein Rüssel ist nur sehr kurz.
b) Es hat keine Stoßzähne.
c) Seine Ohren reichen bis zur Erde.

639. Welche Eigenheit haben einige in Nordamerika lebende Echsen?
a) Sie spritzen Blut aus ihren Augen.
b) Sie jagen im Rudel.
c) Sie sind blind.

640. Welches Tier hat ein Herz, dessen Wände bis zu 8 cm dick sind?
a) Das Nashorn
b) Die Giraffe
c) Der Büffel

Echse, Erdferkel & Elefant

641. Welches Tier wird als der „König der Tiere" bezeichnet?
a) Der Elefant
b) Der Adler
c) Der Löwe

642. Welche Besonderheit zeichnet die afrikanischen Webervögel aus?
a) Ihr Gefieder ist blau-weiß-rot gestreift.
b) Ein Leitvogel führt die ganze Kolonie an.
c) Alle Vögel nisten unter einem Dach.

643. Welches dieser Tiere ernährt sich hauptsächlich von Knochen?
a) Der Bartgeier
b) Der Kakadu
c) Der Kondor

644. Warum sind Tsetsefliegen gefürchtete Insekten?
a) Weil sie ganze Landstriche kahl fressen
b) Weil sie eine gefährliche Krankheit übertragen
c) Weil sie gestochene Tiere unfruchtbar machen

645. Was geschieht mit den Hörnern der Antilopen?
a) Sie fallen jedes Jahr ab und neue Hörner wachsen nach.
b) Nur 2—4 Jahre alte Tiere tragen Hörner.
c) Sie werden jedes Jahr ein bisschen größer.

Echse, Erdferkel & Elefant

646. Welcher Körperteil des Menschen besteht aus Horn?
a) Die Ohrmuscheln
b) Die Nasenflügel
c) Die Fingernägel

647. Wie hoch können Springböcke springen?
a) 2 m
b) 3 m
c) 4 m

648. Mit welchem Tier sind Antilopen verwandt?
a) Mit dem Hasen
b) Mit dem Rind
c) Mit dem Pferd

649. Wie heißen die Schweine der Savanne mit den kräftigen Höckern im Gesicht?
a) Warzenschweine
b) Höckerschweine
c) Wildschweine

650. Wozu ist die schwarz-weiße Färbung des Zebras gut?
a) Blutsaugende Fliegen sehen die Zebras so nicht.
b) Die Färbung tarnt das Tier in der flirrenden Hitze.
c) Sie hat keinen Nutzen, sondern ist eine Laune der Natur.

651. Mit welchem Tier leben Antilopen und Zebras oft zusammen in einer Herde?
a) Mit Giraffen
b) Mit Elefanten
c) Mit Straußen

652. Wie lang ist die Zunge der Giraffen?
a) 20 cm
b) 45 cm
c) 70 cm

653. Welche Pflanzenmenge fressen Afrikanische Elefanten jeden Tag?
a) 50 kg
b) 100 kg
c) 150 kg

654. Mit welchem Tier ist der Präriehund verwandt?
a) Mit dem Hund
b) Mit dem Eichhörnchen
c) Mit den Erdmännchen

655. Wem folgt der afrikanische Honigdachs, um Honig zu finden?
a) Einem Vogel
b) Einem Affen
c) Einer Gazelle

Echse, Erdferkel & Elefant

656. Wann geben Geparden die Jagd auf eine Gazelle auf?
a) Nach 1 Minute
b) Wenn sich andere Gazellen hinzugesellen
c) Wenn die Gazelle in ein Gewässer flüchtet

657. Was ist das Besondere bei den Honigtopfameisen trockener Steppen?
a) Sie leben in einem Bienennest.
b) Die Arbeiterinnen sind lebende Vorratsbehälter für Honig.
c) Die Königin wird mit Honig bestrichen.

658. Wen gibt es in einem Termitenstaat?
a) Einen König
b) Einen Clown
c) Einen Schatzmeister

659. Wie lang wird das Gehäuse der Afrikanischen Riesenschnecke?
a) 10 cm
b) 20 cm
c) 30 cm

660. Was macht eine australische Agame, eine Eidechse, um ihre Angreifer abzuschrecken?
a) Sie bläht sich auf.
b) Sie verspritzt ein übel riechendes Sekret.
c) Sie streckt ihre knallblaue Zunge heraus.

Echse, Erdferkel & Elefant

661. Wie viele Eier legt eine Straußenfamilie durchschnittlich pro Gelege?
a) 4
b) 10
c) 20

662. Was macht eine Termite, wenn sie sich verlaufen hat?
a) Sie wird zur Königin.
b) Sie stirbt.
c) Sie schließt sich einem Ameisenvolk an.

663. Wie viele Stunden am Tag schlafen Löwenmännchen?
a) 12 Stunden
b) 15 Stunden
c) 22 Stunden

664. Welche Tiere trinken nie?
a) Die Koalas
b) Die Kängurus
c) Die Pandabären

665. Aus wie vielen Tieren besteht ein Schwarm Wanderheuschrecken?
a) Aus 10.000
b) Aus 1 Million
c) Aus vielen Milliarden

Echse, Erdferkel & Elefant

666. Wonach riechen Koalas?
a) Nach Urin
b) Nach einem Hustenbonbon
c) Nach Rosen

667. Wie viele Bienen fängt ein Bienenfresser, ein bunter Vogel, pro Tag?
a) Bis zu 100
b) Bis zu 400
c) Bis zu 1.000

668. Wie heißen die Vögel, die Maden aus dem Fell von Büffeln und Zebras picken?
a) Putzervögel
b) Madenhacker
c) Larvenpicker

669. Wie heißt die Savanne in Afrika, durch die jedes Jahr Hunderttausende von Wildtieren wandern?
a) Serengeti
b) Gobi
c) Amazonas

670. Mit welcher Gefahr müssen Gazellen rechnen, wenn sie an einer Wasserstelle trinken?
a) Dass sie im weichen Uferschlamm versinken
b) Dass sie ein Krokodil packt
c) Dass sie ein Geier angreift

671. Wie viel Wasser muss ein Kaffernbüffel jeden Tag trinken?
a) 10 Liter
b) 20 Liter
c) 30 Liter

672. Wie viele Minuten nach der Geburt können Gnubabys schon auf allen vieren stehen?
a) 5 Minuten
b) 15 Minuten
c) 50 Minuten

673. Welche Vögel in der afrikanischen Steppe ernähren sich von toten Tieren?
a) Adler
b) Geier
c) Reiher

674. Wie lang kann das Horn auf dem Kopf eines Nashorns werden?
a) 98 cm
b) 138 cm
c) 188 cm

675. Welche besondere Fähigkeit haben Gaukler, die großen Raubvögel der Savanne?
a) Sie können Insekten aus 2 km Höhe erkennen.
b) Sie können Fische in Wasserlöchern erbeuten.
c) Sie können in der Luft Saltos schlagen.

Echse, Erdferkel & Elefant

676. Was kann ein Nashorn nicht besonders gut?
a) Riechen
b) Hören
c) Sehen

677. Wie bringt eine Giraffe ihr Junges zur Welt?
a) Im Stehen
b) Im Liegen
c) In der Hocke

678. Was tun Steppenpaviane in der Trockenzeit, um Wasser zu trinken?
a) Sie wandern weite Strecken zu den Wasserstellen.
b) Sie trinken das Wasser aus gefällten Bäumen.
c) Sie graben Löcher und warten, bis sich darin Wasser sammelt.

679. Wie heißen die kleinen Verwandten der Elefanten?
a) Klippschliefer
b) Schwarzducker
c) Kudu

680. Wie heißt das afrikanische Säugetier, das nachts auf Jagd nach Ameisen und Termiten geht?
a) Ameisenmaus
b) Erdferkel
c) Termitenmarder

Echse, Erdferkel & Elefant

681. Wie lange braucht ein Erdferkel, um einen Gang von 1 m Länge in den Erdboden zu graben?
a) 5 Minuten
b) 25 Minuten
c) 55 Minuten

682. Was bedeutet das Wort „Känguru" in der Sprache der Ureinwohner Australiens?
a) Das schnell Hüpfende
b) Ich verstehe nicht
c) Kind schaut raus

683. Wie lange braucht ein Dromedar, um 100 l Wasser zu trinken?
a) 10 Minuten
b) 20 Minuten
c) 40 Minuten

684. Wie transportieren afrikanische Flughühner Wasser zu ihren weit entfernten Nestern?
a) In einem Kropf im Hals
b) Im Gefieder der Brust
c) In Hohlräumen an den Füßen

685. Wo verbringen frisch geschlüpfte Skorpione ihre ersten Lebenstage?
a) Im Erdboden
b) Im Gebüsch
c) Auf dem Rücken der Mutter

Robbe, Rentier & Regenpfeifer ...

Tiere in den Polargebieten

686. In welcher Jahreszeit kommen Eisbärjunge zur Welt?
a) Im Frühling
b) Im Sommer
c) Im Winter

687. Wie groß ist ein Eisbär, wenn er sich auf seine Hinterbeine stellt?
a) 2,2 m
b) 2,8 m
c) 3,5 m

688. Wovon ernähren sich Eisbären hauptsächlich?
a) Von Seerobben
b) Von Lemmingen
c) Von Rentieren

689. Wo leben Pinguine?
a) In der Arktis rund um den Nordpol
b) In der Antarktis rund um den Südpol
c) In der Arktis und der Antarktis

690. Wie bewegen sich Pinguine unter Wasser fort?
a) Sie „fliegen" mit den Flügeln.
b) Sie paddeln mit den Hinterfüßen.
c) Sie schlängeln ihren Körper.

Robbe, Rentier & Regenpfeifer

691. Welche besondere Eigenschaft haben die Augen des Brillenpinguins?
a) Sie sind blind.
b) Sie können unabhängig voneinander bewegt werden.
c) Sie können nur Schwarz und Weiß unterscheiden.

692. Warum sitzen Eisbären oft an Eislöchern?
a) Sie lauern auf Robben.
b) Sie warten auf vorbeiziehende Fischschwärme.
c) Sie trinken viel.

693. Wie weit können Eisbären ohne Pause schwimmen?
a) 35 km
b) 65 km
c) 95 km

694. Wovon ernährt sich der Kaiserpinguin?
a) Von Fischen
b) Von im Meer schwimmenden Kleinstkrebsen
c) Von Algen

695. Wer kümmert sich bei den Kaiserpinguinen um die Eier und Jungen?
a) Das Weibchen
b) Das Männchen
c) Das Weibchen und das Männchen

696. Wie sorgt der im Eis brütende Kaiserpinguin dafür, dass sein Ei nicht auskühlt?
a) Er trägt es in einer Hautfalte ständig mit sich.
b) Es liegt in einem warm gepolsterten Nest.
c) Kälte schadet dem Ei nicht.

697. Was machen Kaiserpinguine mit ihrem Jungen, wenn sie auf Nahrungssuche gehen?
a) Sie lassen es alleine zurück.
b) Sie nehmen es mit.
c) Sie lassen es bei einem anderen erwachsenen Pinguin.

698. Wie viel Luft kann ein Walross in seinem Körper aufnehmen?
a) 5 l
b) 10 l
c) 50 l

699. Warum fressen Eisbären keine Pinguine?
a) Pinguine sind viel zu schnell.
b) Beide leben in unterschiedlichen Lebensräumen.
c) Eisbären mögen keine Pinguine.

700. Bei welchem Tier trägt auch das Weibchen ein Geweih?
a) Beim Elch
b) Beim Rentier
c) Beim Wapitihirsch

Robbe, Rentier & Regenpfeifer

701. Wie verteidigen die Sturmschwalben der Antarktis ihr Nest?
a) Sie tragen es auf ihrem Rücken.
b) Sie verstecken es unter dem Schnee.
c) Sie benetzen es mit einem stinkenden Öl.

702. Wie oft gehen Lemminge auf Wanderschaft?
a) Jedes Jahr
b) Alle paar Jahre
c) Alle 10 Jahre

703. Welche Farbe hat der Schneehase im Sommer?
a) Weiß
b) Grau mit weißen Ohren
c) Braun

704. Wie weit laufen Adéliepinguine zu ihren Brutplätzen?
a) 10 km
b) 20 km
c) 30 km

705. Wie groß wird ein Kaiserpinguin?
a) 0,8 m
b) 1,2 m
c) 1,6 m

706. Wie schnell kann ein Eisbär rennen?
a) 20 km/h
b) 40 km/h
c) 60 km/h

707. Wie viele Arten von Pinguinen gibt es auf der ganzen Welt?
a) 18
b) 27
c) 33

708. Wo in den Polarregionen leben die meisten Tiere?
a) Auf dem Land
b) Im Meer
c) In der Luft

709. Wie viele Muscheln frisst ein Walross täglich?
a) 1.000
b) 2.000
c) 3.000

710. Wie kommen die unter dem festen Eis der Antarktis lebenden Weddellrobben an Luft?
a) Mit ihren Kiemen können sie auch unter Wasser atmen.
b) Sie kennen Lufthöhlen unter dem Eis.
c) Sie sägen Atemlöcher ins Eis.

Robbe, Rentier & Regenpfeifer

711. Welche Temperaturen können Kaiserpinguine problemlos überleben?
a) Minus 10 Grad
b) Minus 20 Grad
c) Minus 30 Grad

712. Welche Tiere haben im Winter ein weißes Fell wie der Schneehase?
a) Hermelin und Polarfuchs
b) Rentier und Elch
c) Walross und Kaiserpinguin

713. Wie weit ziehen im Frühling die Rentierherden durch die Polarregionen?
a) 100 km
b) 1.000 km
c) 10.000 km

714. Aus wie viel km Entfernung können Eisbären einen toten Wal riechen?
a) Aus 5 km
b) Aus 15 km
c) Aus 30 km

715. Wie tief kann der Kaiserpinguin tauchen?
a) 150 Meter
b) 220 Meter
c) 260 Meter

716. Warum sieht die Haut von einem Walross, das in der Sonne liegt, rosig aus?
a) Weil es einen Sonnenbrand hat
b) Weil die Haut dann stark durchblutet ist
c) Weil es krank ist

717. Welche Tiere sind in der sommerlichen Tundra die größte Plage für Mensch und Tier?
a) Mücken
b) Wespen
c) Spinnen

718. Was machen Polarfüchse im Winter?
a) Sie halten Winterschlaf.
b) Sie legen Vorratslager im Schnee an.
c) Sie tauchen unter Eisschollen nach Fischen.

719. Was macht der Regenpfeifer, um ein Raubtier von seinem Nest wegzulocken?
a) Er bietet ihm eine tote Maus an.
b) Er greift es mit Schnabelhieben an.
c) Er tut so, als ob er verletzt wäre.

720. Welche Tiere haben das längste Fell?
a) Moschusochsen
b) Mähnenschafe
c) Alpakas

721. Mit welchen Tieren sind Moschusochsen verwandt?
a) Mit Rindern
b) Mit Ziegen
c) Mit Hirschen

722. Wie lange können Weddellrobben tauchen?
a) 75 Minuten
b) 45 Minuten
c) 30 Minuten

723. Wie lange trinkt ein Eisbärenjunges Muttermilch?
a) 4 Monate
b) 14 Monate
c) 24 Monate

724. Welches Tier ist für die Inuit unentbehrlich?
a) Der Schlittenhund
b) Das Rentier
c) Die Robbe

725. Welches ist die größte Robbenart?
a) Das Walross
b) Der See-Elefant
c) Der Seelöwe

726. Wer ist der gefährlichste Räuber an den Küsten der Antarktis?
a) Der Eisbär
b) Der Seeleopard
c) Der Polarfuchs

727. Wie kommen Walrosse vom Wasser auf eine hohe Eisscholle?
a) Sie ziehen sich mit ihren Stoßzähnen aufs Eis.
b) Sie nehmen unter Wasser Anlauf und schnellen empor.
c) Sie stemmen sich mit ihren Vorderflossen hoch.

728. Was machen Moschusochsen bei Gefahr?
a) Sie laufen davon.
b) Sie greifen an.
c) Sie stellen sich zu einem Kreis auf.

729. Wie finden Weddellrobben im dunklen Südwinter ihr Atemloch in der Eisdecke wieder?
a) Sie hören die Rufe eines dort zurückgelassenen Artgenossen.
b) Sie folgen dem Schein des Mondes.
c) Sie stoßen Ultraschall-Laute aus und orientieren sich an deren Echo.

Robbe, Rentier & Regenpfeifer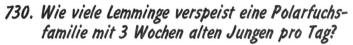

730. Wie viele Lemminge verspeist eine Polarfuchsfamilie mit 3 Wochen alten Jungen pro Tag?
a) 20
b) 50
c) 100

731. Wie viele Rentiere leben in großen Herden zusammen?
a) 100.000 Tiere
b) 500.000 Tiere
c) 1 Million Tiere

732. Wie groß waren die letzten Mammute, die auf einer sibirischen Insel bis vor 4.000 Jahren lebten?
a) So groß wie Schafe
b) So groß wie Pferde
c) So groß wie Asiatische Elefanten

733. Womit scharrt das Rentier den Schnee beiseite, um an Pflanzennahrung zu kommen?
a) Mit dem Geweih
b) Mit dem Maul
c) Mit den Hufen

734. Wie groß ist ein Lemming?
a) So groß wie ein Goldhamster
b) So groß wie eine Ratte
c) So groß wie ein Kaninchen

735. In welchem Alter kann ein Rentierjunges einem Menschen mühelos davonlaufen?
a) Mit 1 Tag
b) Mit 10 Tagen
c) Mit 2 Wochen

736. Wie viele Angriffe auf Beutetiere sind bei Wölfen erfolgreich?
a) 3 von 4
b) 2 von 4
c) 1 von 4

737. Welches Tier aus dem hohen Norden lebte vor ca. 1.000 Jahren noch bei uns?
a) Das Rentier
b) Der Elch
c) Der Vielfraß

738. Wie viel Blut verliert ein Rentier in einer Sommerwoche an blutsaugende Insekten?
a) 100 ml
b) 1/2 l
c) 1 l

739. Wie wird der Vielfraß noch genannt?
a) Riesenwiesel
b) Polardachs
c) Bärenmarder

Robbe, Rentier & Regenpfeifer

740. Was machen Wölfe vor der Jagd?
a) Sie stupsen sich mit ihren Schnauzen an.
b) Sie scharen sich um das Leittier.
c) Sie wälzen sich im Kot anderer Tiere.

741. Mit welchem Tier ist der Vielfraß verwandt?
a) Mit dem Bären
b) Mit dem Marder
c) Mit dem Fuchs

742. Wie viele Tiere leben in einem Wolfsrudel?
a) 8–10
b) 20–25
c) 40–50

743. Wie viel Pflanzenfutter braucht ein Elch?
a) 5 kg täglich
b) 15 kg täglich
c) 25 kg täglich

744. Welches große Tier lebte früher in der Tundra?
a) Das Mammut
b) Das Riesenfaultier
c) Der Säbelzahntiger

745. Wie schwer ist das Geweih eines Rentiers?
a) 5 kg
b) 15 kg
c) 30 kg

746. Wie viel Fleisch kann ein bis zu 80 kg schwerer Wolf an einem Tag fressen?
a) 10 kg
b) 20 kg
c) 40 kg

747. Wie kommen die Welpen der Wölfe an ihre Fleischmahlzeit?
a) Die Eltern führen sie zu einem erlegten Tier.
b) Die Eltern erbrechen Fleisch aus ihrem Magen.
c) Die Eltern bringen große Fleischstücke von der Jagd mit.

748. Wozu ist der Vielfraß fähig?
a) Er verdaut in seinem Magen ganze Knochen.
b) Er frisst 100 kg Fleisch auf einmal.
c) Er überwältigt allein einen ausgewachsenen Elch.

749. Wo schlafen die kleinen Seeotter, die entlang der Küste des Nordmeeres leben?
a) In einer Höhle am Ufer
b) Auf Eisschollen
c) Im Meer

750. Wie heißt der stärkste Bulle bei den See-Elefanten?
a) Alpha-Tier
b) Strandmeister
c) Haremsboss

Wer hat's gewusst?

750 Antworten

1. Antwort c) ist richtig. Bis zu 40 l Milch gibt eine Milchkuh am Tag. Dabei geben die schwarz-bunten Arten besonders viel Milch. Jeden Tag benötigen sie 50—80 kg Grünfutter und viel Wasser.

2. Antwort c) ist richtig. An den 6 Beinen ist zu erkennen, dass der Ohrwurm ein Insekt ist. Alle Insekten haben 6 Beine.

3. Antwort a) ist richtig. Schnecken kriechen auf einer Schleimspur, die sie selbst produzieren. Sie können damit sogar über die Klinge eines scharfen Messers kriechen, ohne sich zu verletzen.

4. Antwort b) ist richtig. Die Kohlmeise lernt im Alter von 20 Tagen fliegen. Im Sommer kannst du in den Bäumen ganze Gruppen noch blass gefärbter Jungvögel beobachten.

5. Antwort c) ist richtig. Bei starken Regenfällen werden die unterirdischen Gänge der Regenwürmer geflutet. Sie haben keine Kiemen zum Atmen haben und müssten nun unter der Erde ertrinken. Deshalb retten sie sich auf den Erdboden.

6. Antwort a) ist richtig. Bis zu 600 Mal am Tag trommelt ein Buntspecht. Jeder Trommelwirbel dauert nicht einmal eine Sekunde, besteht aber aus unzähligen Einzelschlägen. Neben Baumstämmen nutzen Buntspechte gerne auch Dachantennen oder Blecheinfassungen von Kaminen zum Trommeln, weil sie so noch weiter zu hören sind. Mit den Trommelschlägen teilen Buntspechte ihren Artgenossen mit: „Dieses Revier ist besetzt."

Schnecke, Storch & Schmetterling

7. Antwort b) ist richtig. Blindschleichen bringen lebende Junge zur Welt, die bei der Geburt knapp 10 cm lang sind. Ausgewachsene Blindschleichen messen bis zu 45 cm von der Schnauze bis zum Schwanzende.

8. Antwort a) ist richtig. Die größten heimischen Tausendfüßer haben nur 200 Beine in 100 Beinpaaren. Selbst die längsten Tausendfüßer tropischer Regionen kommen nicht über 800 Beine hinaus.

9. Antwort b) ist richtig. Zusammen mit der Amsel erklingt der Gesang des Hausrotschwanzes schon lange vor der Morgendämmerung.

10. Antwort b) ist richtig. Bei drohender Gefahr rollen sich Tausendfüßer ein. Fasse sie nicht an, denn sie können zur Abwehr unangenehme Sekrete ausscheiden.

11. Antwort b) ist richtig. Mit 500 g Gewicht ist ein Eichhörnchen so schwer wie zwei Päckchen Butter. Von der Schnauzenspitze bis zum Hinterteil misst es etwas mehr als 20 cm, sein Schwanz ist 15—20 cm lang.

12. Antwort b) ist richtig. Rabenkrähen bauen ihr Nest aus Zweigen und kleiden es mit feuchter Erde aus. Ein geflochtenes Zweigdach schützt die Jungen vor Regen.

13. Antwort c) ist richtig. Der Star ahmt mit seinem Gesang täuschend ähnlich das Gequake der Frösche nach. Auch andere Vogelstimmen oder technische Geräusche tauchen in seinen Liedern auf.

14. Antwort b) ist richtig. Kleinvögel verwechseln Türkentauben mit ihrem Feind, dem Sperber, und fliehen vor ihnen. Dabei ist die Türkentaube ein harmloser Vogel, der sich von Samen, Früchten und Blättern ernährt.

15. Antwort a) ist richtig. An kalten Tagen kuscheln sich bis zu 20 Zaunkönige in ein einziges kugeliges Nest. Dieses besteht aus Gras, Moos, Federn und Haaren.

16. Antwort c) ist richtig. Mit einer Länge von rund 8 cm ist das Wintergoldhähnchen der kleinste heimische Vogel. Nur wenig größer sind das sehr ähnliche Sommergoldhähnchen und der Zaunkönig.

17. Antwort b) ist richtig. Wenn im Frühjahr die Erdkröten von ihrem Überwinterungsplatz im Wald zum Brutgewässer wandern, steigen die Männchen auf den Rücken der viel größeren Weibchen. Sie klammern sich fest und reisen huckepack auf ihrem Rücken.

18. Antwort a) ist richtig. Kröten erzeugen ein giftiges Sekret in ihrer Haut. Es kann deine Haut reizen, wenn du eine Kröte anfasst, und in deinen Augen brennen, wenn es dort hineingelangt.

19. Antwort c) ist richtig. Grasfrösche legen im Frühjahr bis zu 4.000 Eier, die Laich heißen. Sie treiben im flachen Wasser an der Oberfläche. Jedes Ei ist von einer gallertartigen Hülle umgeben. Aus ihnen schlüpfen später die Kaulquappen.

20. Antwort b) ist richtig. Während erwachsene Kröten und Frösche mit den Lungen und der Haut atmen, haben Kaulquappen Kiemen. Diese liegen in einer dünnen Hauttasche am Kopf der Tiere.

Schnecke, Storch & Schmetterling

21. Antwort a) ist richtig. Zunächst erscheinen die Hinterbeine, dann die Vorderbeine. Bei den äußerlich ähnlichen Kaulquappen der Molche geschieht das anders: Zuerst erscheinen die Vorderbeine, dann die Hinterbeine. So kann man schon in einem frühen Stadium erkennen, welches Tier sich einmal aus den Kaulquappen entwickeln wird.

22. Antwort a) ist richtig. Zauneidechsen können wie andere Echsen einen Teil ihres Schwanzes abwerfen, um ihre Feinde in die Irre zu führen. Der Schwanz wächst dann wieder nach.

23. Antwort b) ist richtig. Die anspruchslosen schwarzen Raupen des Tagpfauenauges fressen Brennnesselblätter, die fast überall vorkommen. Auch die Raupen des Kleinen Fuchses und des Admirals bevorzugen dieses Wildkraut.

24. Antwort b) ist richtig. Zur Paarungszeit wachsen den Männchen und Weibchen Flügel. Dann, an einem sonnigen Sommertag, starten sie zu ihrem Hochzeitsflug hoch in die Luft. Es sind viel mehr Männchen als Weibchen unterwegs, denn nur die stärksten Männchen können sich mit einem Weibchen, einer Königin, paaren.

25. Antwort c) ist richtig. Eine Ameisenkönigin wird bis zu 29 Jahre alt. Sie wird nur einmal auf ihrem Hochzeitsflug begattet und legt dann das ganze Leben lang Eier im Zentrum des Ameisenbaus.

26. Antwort a) ist richtig. Blattläuse gebären im Sommer lebende Junge, die wie winzige grüne Punkte aussehen. Die kleinen Blattläuse können sich rasch vermehren und den süßen Saftstrom in den grünen Pflanzenstängeln als reichliche Futterquelle ansaugen.

27. Antwort c) ist richtig. In einem Nest im Erdboden leben bis zu 600 Hummeln. Wie Bienen und Ameisen bilden sie einen Staat, in dem jedes Tier bestimmte Aufgaben hat. Das kann das Sammeln von Nektar, die Pflege der Brut oder das Reinigen des Nests sein.

28. Antwort b) ist richtig. Eine Erdhummel braucht täglich den Nektar von 450 Blüten, um ihren Hunger zu stillen. Hummeln fliegen dreimal so viel Blüten an wie Bienen.

29. Antwort a) ist richtig. Das Leuchten der Glühwürmchen entsteht bei einer chemischen Reaktion. Hierbei wird der Leuchtstoff Luziferin umgewandelt. Bei der Reaktion entsteht jedoch keine Wärme, so dass sich Glühwürmchen stets kalt anfühlen.

30. Antwort b) ist richtig. Obwohl die weiblichen Glühwürmchen Würmern ähneln, gehören sie zu den Käfern. Das siehst du deutlich bei den bis zu 2 cm großen Männchen, die anders als die am Boden sitzenden Weibchen fliegen können.

31. Antwort c) ist richtig. Die zirpenden Geräusche der Heuschrecke entstehen beim Reiben eines Vorderflügels am Hinterflügel. Nur die männlichen Heuschrecken veranstalten Zirpkonzerte, während die Weibchen ruhig sind.

32. Antwort b) ist richtig. Die Hörorgane der Heuschrecken liegen in den Vorderbeinen. Mit ihnen können sie das Zirpen der anderen Heuschrecken hören.

33. Antwort a) ist richtig. Nur die weiblichen Heuschrecken besitzen einen solchen Legebohrer, mit dem sie ihre Eier tief ins Erdreich legen.

Schnecke, Storch & Schmetterling

34. Antwort c) ist richtig. Die Engerlinge leben 3–4 Jahre im Boden, wo sie sich von Pflanzenwurzeln ernähren. Sie werden fast 5 cm lang. Ist ihre Entwicklungszeit im Boden abgeschlossen, verpuppen sie sich und kriechen schließlich als Käfer an die Erdoberfläche.

35. Antwort b) ist richtig. Treten Maikäfer in großen Massen auf, können sie ganze Bäume kahl fressen. Früher kam das recht häufig vor. Heute sind Maikäfer selten geworden, weil versprühte Insektenschutzmittel die Engerlinge im Boden töten.

36. Antwort b) ist richtig. In eine Schuhschachtel passen ca. 100 Zwergfledermäuse. Eine Zwergfledermaus ist so groß wie ein menschlicher Daumen und wiegt so viel wie ein Stück Würfelzucker. Sie versteckt sich auch in schmalen Spalten und Ritzen, in Häuserfassaden oder Rolladenkästen.

37. Antwort b) ist richtig. Das Weibchen des Ohrwurms behütet, im Gegensatz zu anderen Insektenweibchen, intensiv seine Eier. Es befreit sie von Schmutz und Schimmelpilzen und verteidigt sie gegen Feinde. Ohne seine fürsorgliche Pflege würden die Eier zugrunde gehen.

38. Antwort a) ist richtig. Wildbienen sammeln den Pollen an der stark behaarten Unterseite ihres Hinterleibs. Dann sehen diese Bienen wie gelb eingestaubt aus. Nur die Honigbiene hat am Hinterbein eine Art Höschen für den Blütenstaub.

39. Antwort c) ist richtig. Alle Spinnen haben 8 Beine. Dadurch lassen sie sich leicht von Insekten unterscheiden, die immer 6 Beine haben. Zähle sie einfach mal nach!

40. Antwort b) ist richtig. Besonders in gelben oder weißen Blüten oder auf hellgrünen Blättern lauert die Krabbenspinne. Sie ist genauso gefärbt wie Blüte oder Blatt und kaum zu sehen. Mit einem giftigen Biss überwältigt sie selbst Beute, die größer ist als sie.

41. Antwort b) ist richtig. Spitzmäuse haben einen unangenehmen Geruch, den Katzen nicht mögen. Deshalb lassen sie die toten Spitzmäuse einfach liegen.

42. Antwort c) ist richtig. Die Amseln trippeln auf dem Boden umher und ahmen so Regentropfen nach. Die Regenwürmer glauben, dass es regnet, und kriechen aus dem Boden, damit sie nicht ertrinken.

43. Antwort a) ist richtig. Die meisten Schnecken haben blaues Blut, weil sie einen anderen Blutfarbstoff besitzen als wir Menschen. Unser Blutfarbstoff heißt Hämoglobin und ist rot, während der Schnecken-Blutfarbstoff Hämocyanin heißt und blau ist.

44. Antwort c) ist richtig. Bis zu 4.500 Mal am Tag schmettert das Buchfink-Männchen seinen Gesang, der als „Finkenschlag" bekannt ist. Es sind kräftige Schmettertöne, die in ihrer Tonhöhe abfallen und mit einem Schnörkel enden, der sich wie „Würzgebier" anhört.

45. Antwort a) ist richtig. Buchfinken fressen im Herbst gern Bucheckern, die Früchte der heimischen Buche. Die Vögel, die den Sommer über allein oder als Paare leben, bilden im Herbst oft große Schwärme mit vielen Hundert Vögeln.

46. Antwort c) ist richtig. Alle Regenwürmer im Wiesenboden von der Größe eines Fußballfelds wiegen zusammen so viel wie 6 Kühe.

Schnecke, Storch & Schmetterling

47. Antwort b) ist richtig. Der größte Schmetterling Mitteleuropas ist das Wiener Nachtpfauenauge mit einer Spannweite von bis zu 15 cm. Es hat einen verkümmerten Rüssel und kann keine Nahrung aufnehmen. Es lebt nur wenige Tage, um sich fortzupflanzen.

48. Antwort a) ist richtig. Obwohl Blindschleichen wie Schlangen aussehen, sind sie Echsen und nah mit den Eidechsen verwandt. Man könnte sie als beinlose Eidechsen bezeichnen.

49. Antwort a) ist richtig. Nachts trauen sich Regenwürmer an die Erdoberfläche, suchen Blätter und ziehen diese als Nahrung in ihre Bodengänge. Aber sie haben auch bei Nacht viele Feinde: Igel, Kröten, Frösche fressen gerne Regenwürmer.

50. Antwort a) ist richtig. Der Turmfalke steht wie ein Hubschrauber in der Luft und hält nach Mäusen Ausschau. Hat er eine Maus erspäht, erbeutet er sie im Sturzflug.

51. Antwort c) ist richtig. Wespen sammeln verrottete Holzfasern und kauen sie zu einem Papierbrei. Daraus formen sie ihr Nest.

52. Antwort b) ist richtig. Den Kleinen Fuchs trifft man in den Alpen in bis zu 3.000 m Höhe an, selbst wenn dort Schnee liegt. In unseren Gärten kannst du diesen hübschen Schmetterling oft auf den Blüten des Schmetterlingsstrauches, der Buddleia, beobachten.

53. Antwort c) ist richtig. Marienkäfer stellen sich bei drohender Gefahr tot. Sie lassen sich einfach fallen und rühren sich nicht mehr vom Fleck. Vögel fressen keine toten Tiere und so lassen sie die „toten" Marienkäfer in Ruhe.

54. Antwort a) ist richtig. Eine Stubenfliege wird etwa 2 Monate alt. Fast alle Tiere sterben im Herbst und nur wenige Weibchen überwintern in den Wandritzen von Häusern.

55. Antwort c) ist richtig. Die Gartenkreuzspinne hat 8 Augen (2 Hauptaugen und 6 Nebenaugen), die in 2 Reihen am Kopf angeordnet sind. Damit kann diese Spinne in viele Richtungen gleichzeitig sehen.

56. Antwort c) ist richtig. Asseln atmen mit Kiemen, die sie an ihren Hinterbeinen tragen. Weil Kiemen immer feucht sein müssen, leben Asseln gerne an kühlen, schattigen Plätzen.

57. Antwort b) ist richtig. Regenwürmer legen ihre Eier im eigenen Kot ab. Dieser besteht aus fruchtbarem Humus und ist eine nahrhafte Babykost für die Jungtiere.

58. Antwort a) ist richtig. Die Hausmaus wiegt bei der Geburt etwa 1 g, während es eine ausgewachsene Hausmaus auf 20–30 g bringt. Bei jedem Wurf werden 3–10 Junge geboren.

59. Antwort c) ist richtig. Igel überwintern gerne in Laubhaufen. Aber auch Holz- oder Reisighaufen und Gartenhäuschen nehmen sie als Überwinterungsplatz an. Ihren Unterschlupf polstern Igel mit Laub aus.

Schnecke, Storch & Schmetterling

60. Antwort c) ist richtig. Mit 180 km/h rasen die Mauersegler durch die Innenstädte und führen dabei die abenteuerlichsten Flugkünste aus.

61. Antwort b) ist richtig. Mauersegler verbringen die Nacht in der Luft. Während sie in großen Höhen fliegen, arbeitet jeweils nur eine Gehirnhälfte. Die andere ruht in dieser Zeit.

62. Antwort b) ist richtig. In den größten Städten der Welt leben insgesamt rund 500 Millionen Straßentauben. Weil ihr aggressiver Kot die Fassaden und Wände der Häuser angreift, werden sie an vielen Plätzen vertrieben. Deshalb sollte man Tauben auch nicht füttern.

63. Antwort b) ist richtig. Es würde noch mehr Tauben in den Städten geben, wenn sie geeignete Nistplätze finden würden, um ihre Jungen großzuziehen.

64. Antwort a) ist richtig. Ein Hahn kräht, um sein Revier gegenüber anderen Hähnen abzugrenzen. Hört ein anderer Hahn dieses Krähen, so antwortet er meist, auch wenn er mehrere Kilometer entfernt ist. Dann kann ein Krähkonzert zwischen diesen rivalisierenden Hähnen beginnen.

65. Antwort a) ist richtig. 3 Wochen lang sitzt eine Henne auf ihren Eiern und brütet sie aus. Dann picken die Küken mit ihrem Eizahn auf der Schnabelspitze die Schale auf und schlüpfen.

66. Antwort c) ist richtig. Ein Gänseei wiegt rund 200 g, ein Hühnerei hingegen nur etwa 80 g. Bis zu 80 Eier legt eine Gans im Jahr.

67. Antwort b) ist richtig. Rauchschwalben verbringen den Winter im Süden Afrikas. Vor dem Abflug sammeln sie sich in großen Schwärmen auf Leitungsdrähten.

68. Antwort a) ist richtig. Rauchschwalben trinken im Flug. Dazu fliegen sie knapp über der Wasseroberfläche und tauchen ihren geöffneten Schnabel ins Wasser. Beobachte einmal diese gewandten Flugkünstler dabei!

69. Antwort c) ist richtig. Jedes Jahr im Frühjahr trifft sich das Paar des vorigen Jahres in seinem Nest. Sie begrüßen sich durch lautes Klappern ihrer großen Schnäbel. Dabei werfen sie den Kopf nach hinten.

70. Antwort b) ist richtig. Weißstörche laufen gerne pflügenden Traktoren auf dem Feld nach, denn dort erwischen sie leicht die zutage beförderten Insektenlarven und jungen Mäuse.

71. Antwort c) ist richtig. Du umfasst das Kaninchen mit einer Hand am Nacken, die andere schiebst du unter die Hinterbeine. So wird das Kaninchen richtig aus dem Stall gehoben.

72. Antwort a) ist richtig. Die Brieftaube findet mit Hilfe des Magnetfeldes der Erde auch aus einer Entfernung von bis zu 2.400 km wieder nach Hause.

73. Antwort b) ist richtig. Mit bis zu 120 cm und einem Gewicht von bis zu 22 kg sind Truthähne das größte Geflügel auf dem Bauernhof. Zum Vergleich: Eine Gans misst nur etwa 60 cm.

Schnecke, Storch & Schmetterling

74. Antwort a) ist richtig. Der Maulesel hat einen Esel als Mutter und ein Pferd als Vater. Das etwas kräftigere Maultier hat ein Pferd als Mutter und einen Esel als Vater. Sowohl Maulesel als auch Maultier können keine Nachkommen bekommen oder zeugen.

75. Antwort a) ist richtig. Ein ängstlicher Hund klemmt seinen Schwanz zwischen den Hinterbeinen ein. Wenn er dich begrüßen oder mit dir spielen will, wedelt er mit dem Schwanz.

76. Antwort a) ist richtig. Immer häufiger stellen Graureiher auf den Wiesen Mäusen nach, obwohl sie ursprünglich nur an den Ufern von Bächen und Seen auf Fische lauerten. Auch mancher Goldfisch im Gartenteich wurde schon das Opfer eines Graureihers.

77. Antwort c) ist richtig. Alle Hauskaninchen vom kleinsten Zwerghasen bis zum größten Riesenkaninchen stammen vom Wildkaninchen ab. Sie sind keine Hasen, denn Hasen, die Einzelgänger sind, könnten nie zu mehreren in einem Stall gehalten werden.

78. Antwort b) ist richtig. Macht eine Katze einen Buckel, so will sie in Ruhe gelassen werden. Meist faucht sie auch dabei. Fass sie dann nicht an, sonst könnte sie dich kratzen.

79. Antwort b) ist richtig. Weil die Menschen im Mittelalter nicht so sauber lebten wie wir heute, hausten unter ihnen viele Ratten. In ihrem Fell lebten Flöhe, die die Pest auf den Menschen übertrugen. Ganze Städte und Dörfer starben damals aus.

80. Antwort a) ist richtig. Die Amsel warnt ihre Jungen vor einer Katze, die sich dem Nest nähert. In ihrem ursprünglichen Lebensraum, dem Wald, haben Amseln nur einmal im Jahr gebrütet. In den Städten brüten sie bis zu viermal, da sie dort reichlich Futter finden.

81. Antwort b) ist richtig. Für 3—4 Pullover reicht die Wolle eines Schafs. Frisch geschoren wiegt sie 3—4 kg. Schafe werden einmal pro Jahr vor dem Hochsommer geschoren.

82. Antwort b) ist richtig. Ein gelernter Schafscherer schert in einer Stunde rund 12 Schafe. Vielleicht kannst du ja beim nächsten Scheren im Sommer einmal zuschauen.

83. Antwort c) ist richtig. Ein Bad im Schlamm kühlt die Schweine bei großer Hitze. Außerdem vertreiben sie dabei lästiges Ungeziefer wie Zecken oder Flöhe aus ihrem Fell.

84. Antwort b) ist richtig. Schweine können hervorragend riechen. Sie nehmen den Geruch von Trüffelpilzen wahr, die verborgen im Erdreich an Baumwurzeln wachsen. Dann kann der Halter des Schweins diesen kostbaren Speisepilz ausgraben. 100 g Trüffelpilze — so viel wiegt eine Tafel Schokolade — kosten über 80 Euro.

85. Antwort c) ist richtig. Eine weibliche Stallfliege legt bis zu 3.000 Eier in Tierkot und Gülle. Dort finden die Larven reichlich zu fressen und entwickeln sich innerhalb von 1—2 Wochen zu neuen Fliegen.

86. Antwort c) ist richtig. Ob du es glaubst oder nicht: Eine Weinbergschnecke kann tatsächlich bis zu 18 Jahre alt werden. Meist sterben sie aber schon früher. Erst im Alter von 3 Jahren sind sie ausgewachsen und können sich fortpflanzen.

87. Antwort b) ist richtig. Feuersalamander verdanken ihren Namen den Hautdrüsen, die bei Gefahr eine giftige Flüssigkeit absondern. Sie wehrt Feinde ab und brennt auf der Haut.

88. Antwort b) ist richtig. Die Laichschnüre der Erdkröte werden bis zu 5 m lang und können dann bis zu 6.000 Eier enthalten. Im Wasser schlüpfen aus den Eiern die kleinen dunklen Kaulquappen.

89. Antwort c) ist richtig. Eine Erdkröte kann bis zu 40 Jahre alt werden. Sie kann lange Zeit auch ohne Nahrung auskommen.

90. Antwort c) ist richtig. An jedem feinen Spinnfaden sitzt eine junge Spinne, die sich mit dem Wind zu einem neuen Lebensraum tragen lässt. Viele Kilometer weit kann die junge Spinne dabei fliegen.

91. Antwort c) ist richtig. Der Weberknecht opfert eines seiner Beine, um feindliche Käfer, Spinnen oder Vögel abzulenken. Weberknechte sind keine echten Spinnen, denn sie haben weder Spinndrüsen noch Gift und bauen auch keine Netze.

92. Antwort c) ist richtig. Die Gänge der Feldgrille reichen bis zu 40 cm tief in den Boden. Tagsüber sitzt sie auf dem Platz vor dem Eingang zu ihrer Höhle und zirpt.

93. Antwort b) ist richtig. Unter der Fläche von 1 m² Wiesenboden leben rund 1.000 Tausendfüßer. Außerdem bis zu 200 Regenwürmer, rund 250 Asseln, 500 Spinnen, 2.000 Borstenwürmer, 50.000 kleine Insekten und deren Larven sowie 10 Millionen Fadenwürmer!

94. Antwort c) ist richtig. Der Rüssel des 5 cm langen Windenschwärmers ist mit einer Länge von 10 cm doppelt so lang wie das Tier. Es trägt diesen Saugrüssel wie alle Schmetterlinge eingerollt und entrollt ihn nur zum Nektarsaugen an Blüten.

95. Antwort b) ist richtig. Bei Gefahr gibt der nachtaktive Totenkopfschwärmer piepsende und pfeifende Töne von sich. Früher erschraken abergläubische Menschen bei seinem Anblick, denn auf seiner Brust trägt er ein totenkopfähnliches Mal.

96. Antwort a) ist richtig. Nur die Weibchen der Stechmücken stechen und saugen Blut. Die Männchen ernähren sich von Pflanzensäften.

97. Antwort c) ist richtig. Wenn ein Steinmarder Ausschau nach Beute hält, macht er Männchen. So ist er größer und hat einen besseren Überblick.

98. Antwort b) ist richtig. Das Hermelin trägt das Beutetier in ein Versteck, um dann erneut auf die Jagd zu gehen. Gefressen wird später.

99. Antwort b) ist richtig. Über 200 Tiere wurden schon in einem Rattenrudel gezählt. Sie hausen gerne dort, wo menschliche Abfälle zu finden sind: auf Müllhalden, in Kanälen, Ställen und alten Kellern.

100. Antwort c) ist richtig. Bis zu 70 Junge bringt eine Hausmaus pro Jahr in mehreren Würfen zur Welt.

101. Antwort b) ist richtig. Das Große Mausohr ist die größte heimische Fledermaus. Sie hat eine Spannweite von 38 cm und lebt im Sommer gerne in den warmen Dachstühlen von Kirchen und in Kirchtürmen.

102. Antwort c) ist richtig. Der Abendsegler gilt als die schnellste einheimische Fledermaus mit einer Fluggeschwindigkeit von bis zu 50 km/h. Die meisten anderen Fledermausarten erreichen nur Spitzengeschwindigkeiten von etwa 15 km/h.

103. Antwort b) ist richtig. Der Ziegenmelker legt seine Eier auf den nackten Boden. Seinen Namen verdankt dieser nachtaktive Vogel einem alten Volksglauben: Früher glaubten viele Menschen, dass der nachtaktive Vogel Milch aus den Eutern der Ziege trinkt.

104. Antwort c) ist richtig. Die Hausspinne ist mit 7 cm Länge von Beinende zu Beinende eine unserer größten heimischen Spinnen. Sie kann bis zu 8 Jahre alt werden und lebt gerne in den Kellern unserer Häuser. Findest du eine Spinne in der Badewanne, befreie sie: Sie vertilgt bei ihrer Jagd viele lästige Fliegen im Haus.

105. Antwort c) ist richtig. Wespen fangen Fliegen, Raupen und andere Insekten, manchmal auch ein Stück Schinken oder Fleisch vom Tisch, und füttern damit ihre Larven. Diese brauchen für ihre Entwicklung tierische Kost, während ausgewachsene Wespen nur süßen Blütennektar zu sich nehmen.

106. Antwort b) ist richtig. Junge Arbeiterinnen im Bienen- oder Hummelstaat scheiden am Hinterleib kleine Wachsplättchen aus. Mit ihren Mundwerkzeugen verarbeiten sie dann dieses Wachs zu kunstvollen Waben.

107. Antwort c) ist richtig. Im Winter ertönt aus dem Bienenstock ein leises Summen. Denn die Honigbienen bewegen sich ununterbrochen. Bei ihren Bewegungen entsteht Wärme, genau wie bei dir, wenn du dich bewegst. So erwärmen sie den Stock.

108. Antwort a) ist richtig. Bei den Bienen, Wespen und Hummeln können nur die weiblichen Arbeiterinnen stechen. Denn der Stechapparat hat sich aus dem Legebohrer entwickelt. Die Eier legenden Königinnen und die Männchen können nicht stechen.

109. Antwort a) ist richtig. Ameisen finden den Weg zurück zu ihrem Nest oder hin zu ergiebigen Futterquellen durch eine Duftspur. Verwischst du sie dem Finger, verlieren die Ameisen kurzzeitig die Orientierung und suchen intensiv nach der verlorenen Spur.

Schnecke, Storch & Schmetterling

110. Antwort c) ist richtig. Raupen häuten sich mehrmals, weil die Haut, die nicht mitwachsen kann, für die größer werdende Raupe zu eng wird. Unter der alten Haut hat sich vorher bereits eine neue gebildet.

111. Antwort c) ist richtig. Das Mottenweibchen legt seine Eier meist in Wollgewebe. Die daraus schlüpfenden Raupen ernähren sich von der Wolle. Dabei beißen sie große Löcher in das Gewebe. Mit Zedernholz und Lavendelsäckchen kannst du sie vertreiben.

112. Antwort a) ist richtig. Goldfliegen können — obwohl sie so hübsch aussehen — Krankheiten übertragen, weil an ihren Füßen Bakterien haften. Sie sitzen häufig auf Kothaufen, um zu fressen, und legen ihre Eier an verendeten Tieren ab. So verschleppen sie viele Bakterien auf unsere Nahrung.

113. Antwort b) ist richtig. Schwebfliegen sind die Flugartisten unter den Insekten. Sie können vorwärts, rückwärts, seitwärts fliegen und reglos in der Luft stehen. Wegen ihrer schwarzgelben Färbung werden sie oft mit Wespen verwechselt.

114. Antwort a) ist richtig. Mit den kleinen Öffnungen am Hinterleib, die wie auf einer Perlschnur aufgereiht sind, atmen Maikäfer. Durch diese Löcher, die „Stigmen" genannt werden, tritt Luft in den Insektenkörper. Zum Schutz vor Staub und Schmutz können sie verschlossen werden.

115. Antwort c) ist richtig. Bei uns kommen etwa 80 verschiedene Marienkäferarten vor. Der bekannteste ist der Siebenpunkt-Marienkäfer mit sieben schwarzen Punkten auf den roten Flügeldecken. Andere Arten haben mehr oder weniger Punkte in den Farben Schwarz und Rot oder Gelb und Schwarz. Der Name des Käfers weist auf die Anzahl der Punkte hin.

116. Antwort b) ist richtig. Die blaugelbe Larve frisst 600 Blattläuse in ihrem kurzen Leben. Das ist mehr, als ein ausgewachsener Marienkäfer zu sich nimmt. Beobachte doch Larven und Käfer einmal bei der Jagd.

117. Antwort b) ist richtig. Ameisen mögen diesen Saft und ernähren sich von ihm. Sie halten die Blattläuse wie Kühe und melken sie mit ihren Fühlern. Ameisen vertreiben auch die zahlreichen Feinde der Blattläuse wie Marienkäfer, Schwebfliegen und Florfliegen.

118. Antwort b) ist richtig. Stinkwanzen können ein stinkendes Sekret ausscheiden, mit dem sie ihre Feinde besprühen. Alle Früchte, an denen sie gesaugt haben, schmecken danach unangenehm. Nun weißt du, warum manche reifen Himbeeren so bitter schmecken.

119. Antwort a) ist richtig. Taubenschwänzchen, die in den Ländern am Mittelmeer leben, fliegen in warmen Sommern über die Alpen zu uns. Sie fallen auf, weil sie beim Nektarsaugen wie Kolibris in der Luft stehen.

120. Antwort c) ist richtig. Erdkröten schleudern wie das Chamäleon blitzschnell ihre lange, klebrige Zunge heraus und fangen damit Spinnen, Fliegen und andere Insekten.

Schnecke, Storch & Schmetterling

121. Antwort b) ist richtig. Wenn es warm ist, gibt es am Boden eines Glases nur wenig Sauerstoff. Um nicht zu ersticken, klettert der Laubfrosch auf der Leiter nach oben. Denn hier gibt es mehr Sauerstoff. Der Glaube daran, dass Laubfrösche das Wetter vorhersagen können, bereitete leider schon vielen Tieren einen qualvollen Tod.

122. Antwort c) ist richtig. Blindschleichen haben — anders als Schlangen — bewegliche Augenlider und können wie Menschen ihre Augen schließen. Sie sind Echsen und nah mit den Eidechsen verwandt.

123. Antwort a) ist richtig. Jedes Mal, wenn eine züngelnde Schlange ihre Zunge in den Mund zurückführt, drückt sie sie in eine Öffnung am Gaumen, das „Jacobson'sche Organ". Dort nimmt sie den Geruch wahr.

124. Antwort b) ist richtig. Bis zu 18 voll entwickelte Jungtiere bringt das Kreuzotter-Weibchen im Herbst auf die Welt. Das Weibchen trägt die Eier in ihrem Körper. In ihnen reifen die Jungen heran und schlüpfen dann aus ihren Eihäuten, während das Weibchen die Eier legt.

125. Antwort a) ist richtig. Sofort nach der Geburt ist der Biss der jungen Kreuzottern giftig. Trotz ihrer geringen Größe ist das Gift genauso stark wie bei erwachsenen Tieren. Also Vorsicht auch schon mit kleinen Kreuzottern!

126. Antwort c) ist richtig. Zauneidechsen sind wechselwarme Tiere, deren Körpertemperatur von der Außentemperatur beeinflusst wird. Morgens wärmen sie ihren kalten Körper in der Sonne auf. Erst dann können sie sich flink bewegen und auf Beutejagd gehen.

127. Antwort c) ist richtig. Kein anderes Lebewesen kann gemessen an seiner Körpergröße höher springen als ein Floh. Das Insekt ist nur 3 mm groß und kann 20 cm hoch und 40 cm weit springen. Ein Mensch müsste 157 m hoch und 270 m weit springen, um die gleiche Leistung wie ein Floh zu erbringen.

128. Antwort b) ist richtig. Honigbienen fliegen 120.000 km weit, um 500 g Honig zu gewinnen. Dabei besuchen sie rund 2 Millionen Blüten. An einem schönen Sommertag schafft ein fleißiges Bienenvolk 1 kg Honig.

129. Antwort b) ist richtig. Wenn der Wanderfalke eine geeignete Beute wie Tauben, Krähen oder Stare entdeckt hat, beschleunigt er mit kräftigen Flügelschlägen. Dann stößt er mit angelegten Flügeln mit 290 km/h von oben auf den Vogel herab.

130. Antwort a) ist richtig. Eine Libelle kann pfeilschnell mit bis zu 50 km/h durch die Luft schießen.

131. Antwort b) ist richtig. Gänse überqueren jährlich in einer Höhe von etwa 10.000 m den Himalaja. Dies ist nur möglich, weil ihr Blut besonders viele Blutkörperchen enthält, mit denen sie reichlich Sauerstoff binden können.

132. Antwort b) ist richtig. Damit eine Zwergspitzmaus überleben kann, muss sie täglich das Doppelte ihres Körpergewichts an Nahrung fressen. Das sind bei einer nur 4 g schweren Spitzmaus 8 g Insekten und deren Larven.

133. Antwort c) ist richtig. Durch Duftstoffe, die so genannten Pheromone, kann das Seidenspinner-Männchen ein bis zu 11 km entferntes Weibchen riechen. Die Raupen dieser Schmetterlingsart spinnen die wertvollen Seidenfäden.

134. Antwort c) ist richtig. Der europäische Maulwurf ist der beste „Buddler" unter den Säugetieren. Er gräbt täglich einen bis zu 20 m langen unterirdischen Gang. Dabei frisst er alle Würmer und Schnecken, die ihm begegnen.

135. Antwort c) ist richtig. Schon drei Wochen alte Jungtiere können sich fortpflanzen. Die Tragzeit beträgt bei den Feldmäusen nur 3 Wochen und in einem Wurf kommen bis zu 12 Junge auf die Welt.

136. Antwort b) ist richtig. Der Wellensittich ist der am häufigsten gezüchtete Vogel und damit das häufigste Haustier. Ungefähr 200 Millionen Wellensittiche leben in den Haushalten der ganzen Welt.

137. Antwort a) ist richtig. Die Eintagsfliege hat die kürzeste Lebenszeit aller Tiere und lebt als ausgewachsenes Tier nur 5 Stunden. Ihre Lebenszeit als Larve dauert hingegen länger: Mehrere Monate lang verbringt sie ihre Jugendzeit im Wasser.

138. Antwort c) ist richtig. Naturforscher haben in den Karbongesteinen, die 350 Millionen Jahre alt sind, versteinerte Eintagsfliegen gefunden. Damals wurden sie viel größer als die heutigen Arten.

139. Antwort a) ist richtig. Der Schnabel aller Spechte ist durch eine Art Feder mit dem restlichen Schädel verbunden. Dadurch werden die harten Schläge sehr stark abgedämpft. Zudem sind manche Schädelknochen besonders verstärkt.

140. Antwort b) ist richtig. Zum Ausruhen sucht der Feldhase eine Mulde im hohen Gras oder Boden auf, die so genannte Sasse. Im Winter ist das oft nur eine ausgescharrte Vertiefung im Schnee. Bevor er seine Sasse aufsucht, entleert der Hase seinen Darm. Deshalb liegen in der Nähe der Mulde kleine Kothaufen.

141. Antwort b) ist richtig. Von Zeit zu Zeit muss der Maulwurf die Erde entsorgen, die er beim Graben seiner weitläufigen Tunnelsysteme vor sich herschiebt. Er drückt dann die Erde einfach nach oben durch den Erdboden.

142. Antwort a) ist richtig. Zur Laichzeit knurren die Männchen des Grasfroschs laut. Ihre beiden Schallblasen befinden sich seitlich am Kopf. Wasserfrösche hingegen haben eine Schallblase unter ihrem Maul.

143. Antwort b) ist richtig. Der Mäusebussard kann Mäuse, seine Hauptbeute, von einem Ansitz aus jagen. Ein Ansitz ist eine erhöhte Stelle wie ein hoher Ast oder eine Mastspitze, von der aus der Greifvogel eine gute Aussicht hat. Zudem beherrscht er den „Rüttelflug" wie ein Falke. Das heißt, dass er wie ein Hubschrauber in der Luft steht.

144. Antwort b) ist richtig. Der Neuntöter kommt zu seinem Namen, weil er bis zu neun unterschiedliche Beutetiere auf den Dornen der Büsche oder auf Stacheldraht aufspießt. Sie dienen ihm als Vorrat für Zeiten mit knapper Nahrung.

145. Antwort c) ist richtig. Mehlschwalben kleben ihre Nester aus mit Speichel vermischtem Lehm außen unter die Dachvorsprünge von Häusern und Gebäuden. Deshalb nisten diese Schwalben nur da, wo es ausreichend Lehm gibt. Manche Menschen bringen künstliche Nisthilfen an.

Schnecke, Storch & Schmetterling

146. Antwort c) ist richtig. Alle Schnecken sind Zwitter, d. h., jedes Tier kann sowohl weibliche Eier als auch männliche Samen bilden. Sie befruchten sich gegenseitig in einem komplizierten Paarungsspiel. Danach legt jede Schnecke bis zu 60 Eier in einer kleinen Bodenhöhle ab.

147. Antwort a) ist richtig. Gelegentlich singen Grünfinken während des Flugs. Dabei fliegen sie nicht wie gewöhnlich, sondern flattern ähnlich wie eine Fledermaus.

148. Antwort c) ist richtig. Eine Brieftaube kann an einem Tag bis zu 1.000 km weit fliegen.

149. Antwort a) ist richtig. Es gibt auf der Erde mindestens 1 Million verschiedene Insektenarten, aber nur etwa 8.600 verschiedene Vogelarten und etwa 3.700 verschiedene Säugetierarten. Biologen vermuten, dass in den tropischen Regenwäldern viele Hunderttausend Insektenarten noch nicht entdeckt wurden.

150. Antwort c) ist richtig. Der Siebenschläfer schläft 7 Monate lang eingerollt in seinem Nest und ist somit das Tier, das am längsten schläft.

151. Antwort b) ist richtig. Das Nashorn gehört wie das Pferd zu den Unpaarhufern. Bei dieser Gruppe treten alle Tiere nur mit der Spitze ihrer Mittelzehen auf. Diese sind sehr kräftig und mit einem hornigen Huf geschützt.

152. Antwort c) ist richtig. 1984 zogen die zwei Brauereipferde Monti und Captain von Hans Fäsi auf einem internationalen Turnier in Luzern 44.211 kg.

153. Antwort b) ist richtig. Die Ringelnatter erbricht ihre Nahrung, um den Feind abzuwehren. Falls das nicht ausreicht, lässt sie ihre Zunge aus dem Maul hängen und stellt sich tot.

154. Antwort a) ist richtig. Die Zwergfledermaus hat eine Kopf-Rumpf-Länge von nur 4 cm und wiegt mit 4 g so viel wie zwei Gummibärchen. Neugeborene Zwergfledermäuse sind so schwer wie ein Gummibärchen.

155. Antwort b) ist richtig. Das Rotkehlchen findet mit Hilfe des Polarsterns sein Winterquartier am Mittelmeer. Deshalb mag es bei seinen nächtlichen Wanderungen nicht, wenn Wolken am Himmel sind. Viele Rotkehlchen bleiben aber auch den Winter über bei uns.

156. Antwort c) ist richtig. Sobald eine Fledermaus mit dem Kopf nach unten hängt, blockieren die Sehnen an ihren Fußkrallen. Auch wenn sie schläft und ihre Muskulatur schlaff wird, kann sie keinesfalls abstürzen.

157. Antwort c) ist richtig. Nattern fressen vorwiegend Insekten, aber auch Spinnen. Andere Schlangen haben einen viel größeren Appetit und bevorzugen größere Beute wie Frösche, Kröten, Ratten, Mäuse oder Vögel.

158. Antwort b) ist richtig. Bussarde packen ihre Beute mit den Krallen. Ihr kräftiger Schnabel dient ihnen vor allem zum Zerreißen der Beute.

159. Antwort a) ist richtig. Diese Technik ermöglicht jeder Gans, im Windschatten ihres Vordermanns zu fliegen. Das ist weniger anstrengend. Von Zeit zu Zeit wechseln sie ihre Position innerhalb der V-Formation, so dass jedes Tier auch mal an der Spitze fliegt.

Schnecke, Storch & Schmetterling

160. Antwort c) ist richtig. Eine Schwalbe muss ihre Flügel ungestört ausstrecken können, um sich wohl zu fühlen und um unverletzt wegfliegen zu können. Darum sitzen Schwalben auf den Leitungen in regelmäßigen Abständen wie Perlen auf einer Schnur.

161. Antwort a) ist richtig. Die Spinne vermeidet es, auf den klebrigen Fäden zu laufen. Wenn sie dennoch einen berührt, schützt sie eine feine Ölschicht auf ihrem Körper. In einem Spinnennetz gibt es immer klebrige Fangfäden und glatte Lauffäden, die die Spinne genau kennt.

162. Antwort b) ist richtig. Der Maulwurf beißt Regenwürmer so an, dass sie bewegungsunfähig sind. Dann gräbt er sie lebendig in Hohlräumen unter der Erde ein, um sie später verzehren zu können.

163. Antwort c) ist richtig. Igel kommen schon mit Stacheln auf die Welt. Bei der Geburt sind diese allerdings noch sehr kurz und ganz weich.

164. Antwort a) ist richtig. Wie sein Name schon sagt, fliegt der Abendsegler schon am frühen Abend und nicht erst in der Nacht wie andere Fledermäuse. An seinem schmetterlingsähnlichen Flug kannst du ihn von Vögeln unterscheiden. Der Große Abendsegler ist eine der größten Fledermäuse Europas.

165. Antwort b) ist richtig. Schon an warmen Februartagen fliegen die ersten Schmetterlinge bei uns. Einer der Ersten ist der Kleine Fuchs, der auch einer der häufigsten heimischen Falter ist.

166. Antwort a) ist richtig. Das Eichhörnchennest, Kobel genannt, ist kugelrund und aus Zweigen gebaut. Innen geben Gras, Federn und Moos ein weiches Polster. Jedes Eichhörnchen baut mehrere Kobel. Im größten zieht es seine Jungen auf und verbringt darin den Winter.

167. Antwort c) ist richtig. Alle Haushunde, egal ob ganz klein oder ganz groß, stammen vom Wolf ab. Vor etwa 10.000 Jahren kamen junge Wölfe zu den Menschen und wurden gezähmt.

168. Antwort c) ist richtig. Über 100.000 Stare können in Herbstnächten an einem Platz zusammenkommen. Auch tagsüber ziehen Stare in großen Schwärmen umher, nachdem ihre Jungen flügge geworden sind.

169. Antwort c) ist richtig. Der bei uns häufigste Marienkäfer, der Siebenpunkt-Marienkäfer, hat stets 7 schwarze Punkte auf den roten Flügeldecken. Bei uns leben noch andere Marienkäferarten, wie der Zweipunkt-Marienkäfer mit 2 schwarzen Punkten auf rotem Grund oder der 22-Punkt-Marienkäfer mit 22 schwarzen Punkten auf den gelben Flügeldecken.

170. Antwort a) ist richtig. Die Käfer sind die größte und verbreitetste Tiergruppe der Erde mit über einer halben Million verschiedenen Arten. Allein bei uns leben über 8.000 verschiedene Käferarten — so viele Vogelarten gibt es auf der ganzen Welt zusammen.

Schnecke, Storch & Schmetterling

171. Antwort b) ist richtig. Obwohl Hornissen doppelt so groß sind wie normale Wespen, tut ihr Stich nicht mehr weh als dieser und ist auch nicht gefährlicher. Für Allergiker sind die Stiche beider Arten gleich bedrohlich. Da Hornissen aber viel weniger angriffslustig sind als Wespen, besteht kaum die Gefahr, dass du von einer gestochen wirst.

172. Antwort a) ist richtig. Steinmarder haben einen schlechten Ruf als Automarder. Denn die neugierigen Tiere kriechen nachts unter die warmen Motorhauben abgestellter Autos und beißen in ihrer unersättlichen Neugierde in alles hinein, was sie finden. Wenn du auf den warmen Motor Duftöle träufelst, kannst du die Marder von ihrem Spiel abhalten.

173. Antwort c) ist richtig. Die Körpertemperatur eines Igels kann um 20 Grad Celsius sinken. Die Herzschläge vermindern sich beim winterschlafenden Igel von ca. 200 auf 2–12 pro Minute. Das Einschlafen selbst dauert beim Igel etwa 5–6 Stunden, ebenso lange dauert das Aufwachen.

174. Antwort b) ist richtig. Im „wurmigen" Apfel lebt die Raupe eines kleinen Schmetterlings, des Apfelwicklers. Das Weibchen mag junge Äpfel und legt im Frühjahr je ein Ei darauf. Die schlüpfenden Raupen fressen sich durch den Apfel und werden immer größer. Ist die Raupe ausgewachsen, seilt sie sich an einem seidenen Faden ab und überwintert im Boden.

175. Antwort a) ist richtig. Das kleinste Raubtier der Welt ist das Mauswiesel. Es lebt bei uns in Gärten, auf Wiesen und Feldern und ist so klein, dass es selbst in kleinste Mauselöcher passt. In den engen Wühlmausgängen geht es auf Jagd.

Wunder Tier

176. Antwort c) ist richtig. Noch vor etwas mehr als hundert Jahren war die Amsel ein scheuer Waldvogel. Heute ist sie eine der häufigsten Vogelarten menschlicher Siedlungen.

177. Antwort a) ist richtig. Das Eichhörnchen vergräbt Nüsse, Bucheckern und Eicheln am Fuß von Bäumen. Noch nach Monaten weiß es ganz genau, wo es seine Vorräte versteckt hat.

178. Antwort b) ist richtig. Eichhörnchen und Eichelhäher gelten als „Gärtner des Waldes", weil sie jedes Jahr im Herbst große Mengen an Eicheln und Bucheckern als Wintervorrat im Boden vergraben. Da sie nicht alle versteckten Vorräte wieder ausgraben, können diese keimen und zu neuen Bäumen heranwachsen.

179. Antwort b) ist richtig. Der Hirsch wirft sein Geweih jedes Jahr im Frühjahr ab. Ein neues, größeres Geweih wächst ihm bis zum Sommer nach.

180. Antwort a) ist richtig. Ein ausgewachsener Rothirschbulle wiegt bei einer Länge von bis zu 2,5 m und einer Schulterhöhe von etwa 1,5 m rund 300 kg. Die Weibchen sind kleiner und leichter.

181. Antwort b) ist richtig. Während der Fuchsbandwurm für den Fuchs recht harmlos ist, kann er bei Menschen zu einer tödlichen Gefahr werden. Denn er bleibt nicht im menschlichen Darm, sondern kann in das Gehirn wandern. Iss deshalb nie rohe Waldfrüchte, die niedriger als hüfthoch wachsen.

Wildschwein, Wolf & Waldameise

182. Antwort c) ist richtig. Die Waldohreule findet ihre Beute mit ihrem hoch entwickelten Gehör. Nur durch Hören weiß sie genau, wo eine Maus ist, und kann sie ohne Hilfe der Augen erbeuten.

183. Antwort a) ist richtig. Eulen können lautlos fliegen, weil ihre Federn am Rand ganz fein gezähnt sind. Diese Struktur schluckt jedes Geräusch. Mäuse und andere Beutetiere können daher in der dunklen Nacht nicht hören, dass eine Eule naht. Und die Eule hört so noch besser die Geräusche ihrer Beute.

184. Antwort b) ist richtig. Der Bau der nur 1 cm großen Waldameisen wird bis zu 1,5 m hoch. Unter dem Nesthügel im Erdboden liegt der größere Teil des Nests, der bis zu 2 m in die Tiefe geht.

185. Antwort a) ist richtig. Wildschweine sind Allesfresser und ernähren sich von allem, was der Wald oder die nahe liegenden Felder so bieten: Wurzeln, Knollen, Kräuter, Früchte, tote Tiere, Würmer, Mäuse und Eier.

186. Antwort b) ist richtig. Ein Waldkauz wiegt etwa 500 g bei einer Körperlänge von rund 40 cm.

187. Antwort c) ist richtig. Über 5 m tief und bis zu 100 m lang kann ein Dachsbau sein. Der Eingang ist trichterförmig und hat einen Durchmesser von mehreren Metern. Zum Graben benutzt der Dachs seine besonders langen Grabkrallen.

188. Antwort a) ist richtig. Die Waldspitzmaus hält keinen Winterschlaf. Um ihren kleinen Körper stets warm zu halten, hat sie einen riesigen Appetit. Jeden Tag frisst sie das Doppelte ihres Körpergewichts. Wird die Nahrung knapp, macht sie sich sogar über ihre eigenen Artgenossen her.

189. Antwort b) ist richtig. Mit einer Länge von 7,5 cm ist der Hirschkäfer der größte Käfer Mitteleuropas. Von Juni bis August ist er nachts in Wäldern mit vielen Eichen unterwegs. Nur das Männchen trägt den geweihartigen verlängerten Oberkiefer. Hirschkäfer sind heute sehr selten geworden.

190. Antwort a) ist richtig. Der Hirschkäfer leckt mit seiner pinselartigen Unterlippe den Saft auf, der aus den Wunden kranker Bäume an Stamm und Ästen austritt.

191. Antwort c) ist richtig. Die Larven des Hirschkäfers benötigen 5—8 Jahre für ihre Entwicklung zum fertigen Käfer. Sie leben im Holz alter morscher Eichen, manchmal auch in dem anderer Laubbäume. Weil in unseren Wäldern alte Bäume viel zu schnell entfernt werden, finden die Larven keinen Lebensraum mehr für ihre Entwicklung. Deshalb sind Hirschkäfer heute selten geworden.

192. Antwort a) ist richtig. Der Buntspecht klopft mit seinem Schnabel auf einen Stamm und entdeckt so hohle Gänge im Holz, in denen Insekten leben. Mit seiner Zunge mit Widerhaken holt er sie dann heraus.

193. Antwort c) ist richtig. Junge Wildschweine heißen Frischlinge, weibliche Wildschweine Bachen und die Männchen Keiler.

Wildschwein, Wolf & Waldameise

194. Antwort a) ist richtig. Junge Frischlinge haben ein gestreiftes Fell. Im Dämmerlicht des Waldes kann man sie so kaum sehen. Erst wenn sie älter werden, bekommen sie das struppig braune Fell der Alttiere.

195. Antwort a) ist richtig. Es sind 2 etwa 8–10 cm lange Hufe. Der Hirsch gehört wie das Reh und das Wildschwein zu den Paarhufern unter den Huftieren. Bei ihnen besteht ein Fußabdruck aus einem Paar Hufen.

196. Antwort c) ist richtig. Der Fuchs zieht gerne in verlassene Teile des unterirdischen Dachsbaus ein. Da er seine Nahrungsreste herumliegen lässt, ist er beim reinlichen Dachs als Mitbewohner nicht sehr beliebt.

197. Antwort b) ist richtig. Der Waldkauz sitzt gerne zum Wärmen auf einem Ast in der Sonne. Singvögel rufen ganz laut, wenn sie ihren Feind entdeckt haben – so machen sie auch dich auf diese Eule aufmerksam.

198. Antwort c) ist richtig. Mit einer Länge von über 70 cm und einer Flügelspannweite von 1,7 m ist der Uhu unsere größte heimische Eulenart. In vielen Gebieten gibt es ihn leider nicht mehr. Deshalb wird mit aufwändigen Schutzprogrammen versucht, den Uhu vor dem Aussterben zu retten.

199. Antwort a) ist richtig. Die im Holz lebenden Borkenkäfer sorgen dafür, dass sich absterbende Bäume schneller zersetzen und Platz für junge Bäume machen. Im Wald werden Borkenkäfer in Lockstofffallen, die für die Käfer unwiderstehlichen Duft ausströmen, gefangen.

Wunder Tier

200. Antwort b) ist richtig. Für Tannenhonig sammeln Bienen die süßen Ausscheidungen von Blattläusen, die sich von den Baumsäften der Fichten, Kiefern, Lärchen und Tannen ernähren.

201. Antwort c) ist richtig. Die Larven des Waldmistkäfers ernähren sich fast 1 Jahr lang von Tierkot, bevor sie sich verpuppen. Das Weibchen legt seine Eier auf den in unterirdische Gänge eingeschleppten Kot. Die schlüpfenden Larven sind so von ausreichend Futter umgeben und leben wie im Paradies.

202. Antwort b) ist richtig. Zecken lauern in niedrigen Pflanzen an der Spitze von Grashalmen, Zweigen und Stängeln auf vorbeikommende Lebewesen. Dabei strecken sie ihre Vorderbeine weit aus und halten sich an vorbeistreifendem Fell, Gefieder, an Haut oder Hosenbeinen fest. Dann bohren sie an einer weichen Hautstelle, bis sie ein Blutgefäß treffen, und saugen Blut.

203. Antwort c) ist richtig. Das Rehkitz hat keinen Eigengeruch. Wenn es in seinem tarnfarbenen Fell allein im hohen Gras liegt, kann ein feindlicher Fuchs es weder sehen noch riechen. Nur zum Säugen kommt die Mutter zu ihrem Jungen.

204. Antwort b) ist richtig. Das Kuckucksjunge wirft die Eier und jungen Vogelküken aus dem Nest, bleibt allein zurück und wird von dem Singvogel aufgezogen. Oft ist es viel größer als seine Zieheltern.

205. Antwort a) ist richtig. Wie bei allen Spinnen ist auch das Männchen der Krabbenspinne deutlich kleiner als das Weibchen. Es misst nur 4 mm. Auch bei einigen Eulen und Greifvögeln ist das Weibchen deutlich größer als das Männchen.

Wildschwein, Wolf & Waldameise

206. Antwort c) ist richtig. Auf einem Quadratmeter Buchenwald leben bis zu 17.000 Springschwänze. Diese nützlichen Insekten helfen beim Abbau von abgestorbenen Pflanzen und führen so deren Nährstoffe als Dünger für neue Pflanzen dem Boden zu.

207. Antwort b) ist richtig. Die nur wenige Millimeter großen Springschwänze können durch ihre Sprunggabel am Hinterleib mehrere Zentimeter weit springen. Diese Sprunggabel schnellt beim Sprung nach hinten und katapultiert das Tier nach vorne.

208. Antwort a) ist richtig. Der Erdläufer, ein bis zu 4 cm langer Hundertfüßer, bildet in Drüsen auf seiner Bauchseite ein Wehrsekret. Seine Nahrung besteht vor allem aus erbeuteten Regenwürmern.

209. Antwort a) ist richtig. Der mit dem Tausendfüßer verwandte Doppelfüßer setzt seinen Kopf als Rammbock ein. Mit großer Schubkraft durch die vielen Beinpaare, die ihn nach vorne drücken, schiebt er sich durch den Boden. Wenn du ihn berührst, rollt er sich zu einer spiralförmigen Scheibe ein.

210. Antwort a) ist richtig. Die Blüte des Aronstabs lockt Fliegen mit ihrem Geruch nach Aas an, den sie besonders abends verströmt. Die angelockten Fliegen rutschen ins Innere der Blüte. Dort bleiben sie gefangen und bestäuben bei ihren Befreiungsversuchen die Blüte. Wenn diese verwelkt ist, lässt sie die Fliegen unversehrt wieder frei.

211. Antwort c) ist richtig. Im Herbst, zur Paarungszeit, tönt das Röhren des Rothirschs durch den Wald. Er warnt andere Männchen davor, seinen Weibchen zu nahe zu kommen. Nun versuchen die Hirschbullen, möglichst viele Weibchen um sich zu scharen.

Wunder Tier

212. Antwort b) ist richtig. Durch das weiße Hinterteil können nachfolgende Rehe fliehenden Artgenossen im Dämmerlicht des Waldes leichter folgen. Nur in der Gruppe haben die Tiere eine Chance, Feinden zu entkommen.

213. Antwort b) ist richtig. Bevor sich ein Holzbock auf deinem Körper festsaugt, sucht er eine ganze Weile darauf nach einer geeigneten weichen Hautstelle. Untersuche nach einem Wald- oder Wiesen-Aufenthalt sorgfältig deinen Körper.

214. Antwort a) ist richtig. Das Wildschwein findet Nahrung, indem es den Boden mit seinem Rüssel durchwühlt. Dabei kann es auf Feldern großen Schaden anrichten, wenn es ganze Mais- oder Kartoffeläcker umpflügt.

215. Antwort c) ist richtig. Im Herbst wiegt der Dachs bis zu 25 kg. Dann hat er genügend Fettreserven für die Zeit der Winterruhe angefressen. Seine Nahrung besteht aus Mäusen, Regenwürmern, Fröschen, Schnecken, Insekten, Früchten und Wurzeln.

216. Antwort b) ist richtig. Auf leisen Sohlen pirscht sich ein Rotfuchs an die Maus heran und überwältigt sie mit einem einzigen, oft meterweiten Sprung.

217. Antwort a) ist richtig. Die Waldmaus hüpft mit großen Sprüngen auf den Hinterbeinen wie ein Känguru davon. Wenn Iltis oder Hermelin sie am Schwanz gepackt haben, reißt dieser einfach ab.

218. Antwort c) ist richtig. Abergläubische Menschen hörten früher in den lang gezogenen „huuuuu-huuuuu-huuuuu"-Rufen des Waldkauzes die Rufe des Totenreichs, das wieder eine menschliche Seele holen wollte.

219. Antwort a) ist richtig. Das Kuckucksweibchen legt seine Eier in das Nest eines Singvogels mit ähnlich gefärbten Eiern. Meist sind das die Nester von Rohrsänger, Rotkehlchen, Rotschwanz, Heckenbraunelle oder Bachstelze.

220. Antwort a) ist richtig. Ein Weibchen ist vor der Blutmahlzeit 4 mm lang und wiegt rund 2 mg. Nach zwei Wochen wiegt das nun 1 cm lange Weibchen rund 400 mg. Zecken können gefährliche Krankheiten übertragen. Eine festgesaugte Zecke muss sorgfältig entfernt und die Körperstelle über viele Wochen genau beobachtet werden.

221. Antwort b) ist richtig. Der Eichelhäher hat im Herbst an die 10.000 Eicheln, Nüsse und Bucheckern gesammelt und an vielen Plätzen im Wald versteckt.

222. Antwort b) ist richtig. Mit 14 Trommelschlägen pro Sekunde hämmert ein Specht auf einen Stamm. Versuche einmal, mit deinen Fingern so schnell auf eine Tischplatte zu klopfen!

223. Antwort c) ist richtig. Kämpfende Kreuzotter-Männchen schlingen sich wie in einem Schlangentanz umeinander. So versuchen sie herauszufinden, wer der Stärkere ist. Der Schwächere muss dann fliehen.

224. Antwort a) ist richtig. Waldvögel fliegen nur kurze Strecken von Baum zu Baum durch dichtes Geäst. Lange Flügel wären ihnen da nur im Weg. Adler und andere schwergewichtige Vögel haben große muskulöse Flügel. Die Flügel der Zugvögel sind lang und laufen spitz zu — sie haben dadurch einen geringen Luftwiderstand und die Vögel können Kraft sparend weite Strecken fliegen.

225. Antwort c) ist richtig. Kreuzspinnen fressen jeden Morgen ihr Netz auf und bauen ein neues. Aus den Bestandteilen des alten Netzes können sie in ihren Spinndrüsen wieder neue Fäden spinnen.

226. Antwort b) ist richtig. Anders als die leuchtend rotbraunen Eichhörnchen unserer Laubwälder sind die Tiere, die in dunklen Nadelwäldern leben, schwarz gefärbt. Dadurch sind sie in ihrem Lebensraum gut getarnt und können nicht so leicht von ihrem größten Feind, dem Baummarder, entdeckt werden.

227. Antwort a) ist richtig. Die Waldschnepfe ist der einzige Vogel, der seine Jungen forttragen kann. Dieser braune Vogel baut sein Nest in einer flachen Bodenmulde am Fuß eines Baumes oder unter einem Strauch. Er polstert es mit Pflanzenmaterial aus der Umgebung.

228. Antwort a) ist richtig. Alle Waldameisen eines Staates, die zusammen in einem Bau wohnen, haben den gleichen Geruch. Waldameisen der gleichen Art, aber aus einem fremden Volk, riechen anders und werden sofort vertrieben. Auch Bienen erkennen sich am volkseigenen Geruch.

229. Antwort c) ist richtig. Wenn es im Winter sehr kalt wird, deckt sich der Fuchs mit seinem buschigen Schwanz zu wie mit einer Winterdecke.

230. Antwort c) ist richtig. Ein Elch braucht täglich 20 kg Pflanzennahrung. Er lebt in den Wäldern Skandinaviens und ernährt sich gern von weichen Wasserpflanzen.

231. Antwort b) ist richtig. Elche können gut schwimmen und bis zu 1 Minute lang unter Wasser bleiben.

Wildschwein, Wolf & Waldameise

232. Antwort b) ist richtig. Mit ihrem Heulen signalisieren Wölfe einem benachbarten Rudel, dass das Revier besetzt ist. Außerdem fördert das Heulen den Zusammenhalt der Gruppe und ruft zur gemeinsamen Jagd auf.

233. Antwort b) ist richtig. Ein 20 kg schwerer Luchs frisst bei einer Mahlzeit bis zu 5 kg Fleisch und deckt damit seinen Bedarf für 2 Tage. Ein 32 kg schweres Kind müsste demnach 8 kg Essen auf einmal verspeisen.

234. Antwort c) ist richtig. Der Waschbär putzt seine Nahrung vor dem Verspeisen. Dabei reibt er sie stets mit den Pfoten ab. Waschbären leben oft in der Nähe von Menschen und plündern gerne Abfälle.

235. Antwort c) ist richtig. Der Baummarder ist ungefähr so groß wie eine Hauskatze. Das Eichhörnchen, seine Lieblingsbeute, flieht meist vor ihm auf die dünnen, schwankenden Äste der Baumkronen. Wenn es dann bis zu 3,5 m weit von Krone zu Krone frei durch die Luft springt, kann der Baummarder ihm nicht folgen.

236. Antwort a) ist richtig. Das Eichhörnchen setzt seinen langen Schwanz als Steuer bei seinen rasanten Sprüngen ein. Mit großer Sicherheit springt es blitzschnell von Baum zu Baum und Ast zu Ast.

237. Antwort c) ist richtig. In den Vorratskammern fleißiger Hamster kann man bis zu 50 kg gesammelte Körner und Nüsse finden. In ihren Backentaschen transportieren sie die Vorräte in ihren Bau und bewahren sie für schlechte Zeiten auf. Von diesem Verhalten kommt auch die Redewendung „Hamstern".

238. Antwort b) ist richtig. Schnecken machen die giftigsten Pilze nichts aus. Unbeschadet raspeln sie kleine Stücke aus dem Hut des Knollenblätterpilzes, des giftigsten heimischen Pilzes. Für Menschen ist dieser Pilz sehr gefährlich.

239. Antwort b) ist richtig. Ein erwachsener Elch ist größer als die größten Pferde und kann mit einem Gewicht von über 800 kg so schwer werden wie ein Sumatranashorn.

240. Antwort a) ist richtig. Im Gegensatz zu anderen Spechten trommelt der Grünspecht fast nur während der Balz, denn seine Nahrung findet er überwiegend am Boden. Dort fängt er mit seiner 10 cm langen Zunge Ameisen und andere Insekten.

241. Antwort b) ist richtig. Bis zu 15 Jahre alt wird ein Eichelhäher. Mit lautem Gekreische warnt er die anderen Waldbewohner, wenn ein Mensch den Wald betritt.

242. Antwort b) ist richtig. Mit dem stattlichen Gewicht von 300 kg, einer Länge von bis zu 2,5 m und einem gewaltigen Geweih ist der Rothirsch der unumstrittene „König der Wälder".

243. Antwort a) ist richtig. Die Weibchen der Wolfsspinnen tragen die Eier in einem Kokon auf ihrem Rücken. Wenn die jungen Spinnen aus ihren Eiern geschlüpft sind, klettern sie auf den Rücken der Mutter und lassen sich von ihr einige Tage umhertragen.

244. Antwort b) ist richtig. Junge Füchse haben zunächst blaue Augen und ein schiefergraues Fell. Erst im Alter von 4—5 Wochen werden ihre Augen bernsteingelb und ihr Fell bekommt die typische rötlich braune Farbe.

Wildschwein, Wolf & Waldameise

245. Antwort c) ist richtig. Füchse können ausgezeichnet riechen. Ihre Nase ist mit rund 200 Millionen Riechzellen ausgestattet, das sind über 130-mal mehr als beim Menschen.

246. Antwort c) ist richtig. Auch an einer winterlichen Futterstelle herrscht im Hirschrudel eine strenge Rangordnung: Erst wenn die geweihtragenden Männchen satt sind, dürfen die geweihlosen Weibchen und Jungtiere sich nähern und ihren Hunger stillen.

247. Antwort a) ist richtig. Keine 2 mm groß sind die kleinen Nacktschnecken, wenn sie 4–6 Wochen nach der Eiablage aus ihren Eiern schlüpfen. Eine ausgewachsene Nacktschnecke misst etwa 15 cm.

248. Antwort b) ist richtig. Die Augen der Schnecken sitzen am Ende der beiden größten Fühler. Mit ihnen können sie Bewegungen wahrnehmen und sich bei Gefahr rasch in ihr Häuschen zurückziehen.

249. Antwort a) ist richtig. Der Kleiber bewohnt die verlassenen Höhlen von Buntspechten. Weil ihm das Schlupfloch zu groß ist, mauert er es mit Erde und Speichel zu. Nun braucht er keinen Feind mehr zu fürchten.

250. Antwort c) ist richtig. Als einziger heimischer Vogel kann der Kleiber auch stammabwärts klettern. Seine langen Krallen an den Zehen wirken dabei wie Steigeisen.

251. Antwort b) ist richtig. Ameisen können das Zwanzigfache ihres eigenen Körpergewichts tragen. Um das Gleiche zu leisten, müsste ein 30 kg schweres Kind einen PKW hochheben können. Das hat bisher nur Pippi Langstrumpf geschafft!

252. Antwort c) ist richtig. In einem Ameisennest leben etwa 800.000 Ameisen. Wie in einem Staat teilen sich die Tiere die Aufgaben: Manche gehen draußen auf Futtersuche, manche versorgen die Vorräte im Nest, andere kümmern sich um die Brut oder transportieren die von der Königin gelegten Eier in die Brutkammern.

253. Totengräber ahmen mit ihren orangefarbenen Streifen auf dem schwarzen Rücken Hummeln nach. Wenn sie angegriffen werden, summen sie sogar wie eine Hummel — und die Feinde lassen sie in Ruhe.

254. Antwort b) ist richtig. Der Totengräber, ein Käfer unserer Wälder, vergräbt tote Vögel, Mäuse und Spitzmäuse im Erdboden. Um das tote Tier herum legt das Weibchen dann seine Eier. Die schlüpfenden Larven ernähren sich von dem Kadaver.

255. Antwort b) ist richtig. Die Nonne ist ein gefürchteter Nachtfalter, weil seine ständig hungrigen Raupen ganze Nadelwälder kahl fressen können. Eine einzige Raupe frisst in ihrem zweimonatigen Leben ungefähr 2.000 Fichtennadeln.

256. Antwort a) ist richtig. Wenn Gefahr droht, scheidet der Feuersalamander aus seinen wulstigen Ohrdrüsen einen klebrigen Giftstoff ab, der scharf brennt. Wenn du einen Feuersalamander angefasst hast, wasche dir schnellstens deine Hänseon und fasse dir nicht ins Gesicht.

257. Antwort c) ist richtig. Der Elch ist mit einer Schulterhöhe von 2,2 m das größte landlebende Säugetier Europas. Er lebt in den Wäldern Skandinaviens und Polens. Alte Elchhirsche haben ein schaufelförmiges Geweih.

Wildschwein, Wolf & Waldameise

258. Antwort b) ist richtig. Der Steinläufer, ein häufiger Hundertfüßer, trägt an seinem Kopf zwei große Giftklauen. Mit ihnen kann er kräftig zubeißen — das tut so weh wie ein Bienenstich.

259. Antwort a) ist richtig. Der Waschbär stammt aus Nordamerika. Bei uns wurden einige Tiere in Pelztierfarmen gehalten, aus denen sie sich befreiten. Mittlerweile leben in einigen Gebieten Deutschlands zahlreiche Waschbären in freier Natur. Mancherorts belästigen sie die Menschen, weil sie Abfälle plündern.

260. Antwort c) ist richtig. Wenn ein Rehbock um ein Weibchen wirbt, laufen die beiden in einem engen Kreis umeinander herum. Biologen nennen das Brunftkreise.

261. Antwort c) ist richtig. Asseln sind die einzigen Krebse, die ständig an Land leben. An ihren Hinterbeinen tragen sie kleine Kiemen in einer feuchten Hauttasche.

262. Antwort b) ist richtig. Eine Dachsfamilie besteht aus einigen erwachsenen Männchen, Weibchen und den Jungen aus ein oder zwei Würfen. Somit leben bis zu 15 Tiere in dem weitläufigen Dachsbau unter der Erde.

263. Antwort b) ist richtig. Hat eine Wildschweinmutter Junge, ist sie sehr angriffslustig. Mit ihrem Gewicht von über 100 kg und ihren scharfen Eckzähnen kann sie dich schwer verletzen. Halte dich deshalb von Wildschweinen fern und beobachte sie lieber aus einiger Distanz!

Wunder Tier

264. Antwort c) ist richtig. Viele Raupen seilen sich an einem seidenen Faden in die Tiefe ab und wirbeln in der Luft hängend um die eigene Achse, so dass sie praktisch unsichtbar sind.

265. Antwort a) ist richtig. Auf dem Dach der waagerecht in den Pflanzen hängenden Netze befinden sich zahlreiche Stolperfäden. Laufen kleine Insekten über diese Fäden, rüttelt die Baldachinspinne so lange daran, bis ihre Beute ins Netz fällt.

266. Antwort b) ist richtig. Beim Landkärtchen sind die im Frühjahr schlüpfenden Falter gelbbraun mit dunklen Flecken, die im Sommer schlüpfenden Falter hingegen schwarzbraun mit gelben Streifen. Wie bei uns die Haut im Sommer braun wird, verändert sich die Flügelfarbe der Landkärtchen durch die Sonne.

267. Antwort b) ist richtig. Die Hauptbeute des Sperbers sind Singvögel, die er im raschen Flug einfach überrumpelt. Selbst in dornigen Hecken sind die kleinen Vögel nicht sicher vor ihm.

268. Antwort a) ist richtig. Taubeneltern produzieren in ihrem Kropf aus vorverdauter Nahrung einen dicken Brei, den sie zum Verfüttern an die Jungen hochwürgen.

269. Antwort b) ist richtig. In ihrem weichen Daunenkleid sehen junge Waldkäuze wie kleine weiße Wollknäuel aus. Wochenlang sitzen sie auf Ästen und werden von ihren Eltern gefüttert.

270. Antwort c) ist richtig. Schnellkäfer können bis zu 30 cm hoch springen. Zwischen ihrer Brust und dem Hinterleib haben sie ein Gelenk, das die Tiere so weit katapultieren kann.

Wildschwein, Wolf & Waldameise

271. Antwort a) ist richtig. Nur rund 100 g wiegt ein Fuchsjunges bei der Geburt. Es ist blind und hilflos. Im Alter von 10 Tagen öffnet es seine Augen und im Alter von einem Monat spielt das Fuchsjunge schon vor dem Bau.

272. Antwort b) ist richtig. Nur 30 Sekunden nach dem giftigen Biss einer Kreuzotter stirbt eine Eidechse. Auch für uns ist der Biss dieser Schlange gefährlich. Wenn du eine Kreuzotter siehst, entferne dich zügig. Schon in einem Meter Abstand bist du sicher.

273. Antwort c) ist richtig. Ameisen haben sich in vielen Arten fast alle Lebensräume der Welt erobert. Auch in unseren Wäldern gibt es keinen Fleck ohne Ameisen.

274. Antwort b) ist richtig. Der Lederlaufkäfer bespuckt seine Beute mit Verdauungssäften, die sie langsam auflösen. Dann saugt er sein Opfer auf. Zur Verteidigung kann der Käfer diesen ätzenden Saft auch bis zu 1 m weit verspritzen.

275. Antwort a) ist richtig. Zitronenfalter werden bis zu 11 Monate alt. Sie überdauern den Winter frei sitzend zwischen Stängeln und Laub. Die neue Generation schlüpft im August.

276. Antwort c) ist richtig. Die kleine Gelbbauchunke legt ihre Eier gerne in kleine Wasserstellen im Wald, wie zum Beispiel in die mit Wasser gefüllten Spuren von Autos.

277. Antwort b) ist richtig. Die Larven der Schaumzikaden leben in den Schaumtröpfchen, die wie Spucke an Grashalmen und Stängeln der Kuckucks-Lichtnelke kleben. Darin entwickeln sie sich vor Austrocknung und Fressfeinden geschützt zu 1 cm langen Zikaden.

278. Antwort b) ist richtig. Manche Schmetterlinge saugen gern an den salzhaltigen Kothaufen von Hunden und Pferden, andere schlürfen gerne die zuckerhaltigen Ausscheidungen der Blattläuse.

279. Antwort a) ist richtig. Fledermäuse haben ein so leistungsfähiges Echoortungssystem, dass sie Drähte wahrnehmen können, die weniger als 0,1 mm dick sind. Haare und Spinnfäden nehmen sie problemlos wahr.

280. Antwort c) ist richtig. Im Lauf eines Sommers verzehrt eine Fledermaus 1 kg Insektennahrung, darunter auch viele Fliegen, die uns lästig sind.

281. Antwort a) ist richtig. Die Haselmaus ist trotz ihres Namens keine echte Maus wie zum Beispiel die Hausmaus. Sie ist vielmehr nahe mit dem Siebenschläfer verwandt. Beide gehören zu der Säugetiergruppe der Bilche. Haselmäuse leben im Wald und lieben Beeren und Nüsse aller Art.

282. Antwort b) ist richtig. Ein Braunbär kann viel schneller laufen als ein Mensch, obwohl er so träge aussieht. Er ist auch ein guter Schwimmer und geschickter Kletterer. Bären sehen ziemlich schlecht, können aber ausgezeichnet hören und riechen.

283. Antwort c) ist richtig. Luchse ernähren sich fast nur von Hasen, denen sie aus einem Versteck heraus auflauern. Nähert sich ein Hase, so greift ihn der Luchs aus dem Hinterhalt an und ergreift mit bis zu 6 m weiten Sprüngen sein Opfer.

Wildschwein, Wolf & Waldameise

284. Antwort c) ist richtig. Bis zu 100 kg Regenwürmer frisst ein Dachs in einem Jahr, das sind über 15.000 Würmer. Zum Glück leben in einem Hektar Waldboden bis zu 4 Tonnen Regenwürmer!

285. Antwort c) ist richtig. Das seltene Auerhuhn ist der größte heimische Waldvogel. Es wiegt 6.500 g, der kleinste Waldvogel, das Goldhähnchen, dagegen nur 5 g. In manchen Zoos und Tierparks werden auch Auerhühner gehalten — schau dir dort einmal diese imposanten Vögel an!

286. Antwort a) ist richtig. Im Winter reifen die Fichtensamen in den Zapfen. Dann findet der Fichtenkreuzschnabel reichlich Nahrung für sich und seine Brut. Das Nest baut er hoch oben versteckt in den Nadelbäumen und polstert es zum Schutz gegen die Kälte dick mit Haaren und Federn aus.

287. Antwort b) ist richtig. Das Habicht-Weibchen ist um ein Drittel größer als das Männchen. Es erbeutet Singvögel und Säugetiere, die so groß wie ein Kaninchen sein können. Das Männchen jagt kleinere Beute.

288. Antwort a) ist richtig. Greifvögel wie Habicht oder Sperber rupfen die Federn ihres Opfers einzeln heraus. Daher sind diese unbeschädigt. Hat hingegen ein Fuchs oder Marder einen Vogel erbeutet, sind die Federkiele zerbissen.

289. Antwort b) ist richtig. Der Grünspecht ernährt sich von Ameisen und ihren Eiern, die er mit seiner 10 cm langen, klebrigen Zunge vom Boden aufliest. Deshalb kannst du seine Grabspuren häufig an Ameisenhaufen finden.

290. Antwort c) ist richtig. Beim Bad im Ameisenhaufen werden die Waldvögel von den sich bedroht fühlenden Ameisen mit ätzender Ameisensäure bespritzt. Diese tötet lästige Parasiten im Vogelgefieder ab. Ameisen können zur Abwehr die Säure bis zu einen halben Meter weit spritzen.

291. Antwort c) ist richtig. Hornissen sind trotz ihrer Größe nicht gefährlicher als Wespen oder Bienen. Bist du im Sommer einem Nest zu nahe gekommen, ziehst du zunächst eine Jacke oder Mütze über deinen Kopf. So verhinderst du, dass sich die Hornissen in deinen Haaren verfangen. Dann erst entfernst du dich langsam von dem Nest.

292. Antwort a) ist richtig. Kranke Bäume geben andere Duftstoffe an die Umgebung ab als gesunde. Diese kann der Borkenkäfer riechen und er legt gezielt seine Eier an die Stämme kranker Bäume ab.

293. Antwort b) ist richtig. In vielen Tierfabeln heißt der Dachs Meister Grimbart, weil man lange Zeit glaubte, er sei ein grimmiger und mürrischer Einzelgänger. Das stimmt nicht, denn haben sich ein Männchen und ein Weibchen gefunden, bleiben sie das ganze Leben lang zusammen. Sie bewohnen gemeinsam einen Bau und ziehen jedes Jahr ihre Jungen groß.

294. Antwort b) ist richtig. Die Drohnen haben keinen Stachel zum Stechen und leben nur, um sich mit den weiblichen Bienen zu paaren. Meist sterben sie nach der Paarung oder werden im Herbst von den Arbeiterinnen vertrieben.

295. Antwort c) ist richtig. Füchse paaren sich von Januar bis März. In dieser Zeit, die der Jäger Ranzzeit nennt, kannst du nachts häufig kläffende, knurrende und kreischende Laute hören oder kämpfende Fuchsrüden beobachten.

Wildschwein, Wolf & Waldameise

296. Antwort a) ist richtig. Die Waldtiere bewegen sich stets auf bestimmten Pfaden zwischen Tränke, Fress- und Ruheplätzen hin und her wie Menschen auf Wegen und Straßen. Im Lauf der Zeit bilden sich so ausgetretene Trampelpfade durchs Gebüsch.

297. Antwort c) ist richtig. Aus den beiden Rosenstöcken wächst nach dem Abwurf des alten Geweihs bis zum Sommer das neue Geweih des Rothirsches.

298. Antwort c) ist richtig. Bis zu 20 Eier legt ein Kuckucksweibchen jedes Jahr. Da es jeweils nur 1 Ei in ein fremdes Nest hineinlegt, muss es bis zu 20 verschiedenen Singvögelpaaren beim Nestbau und der Eiablage auflauern und die Singvogeleier beseitigen.

299. Antwort a) ist richtig. Der Buchfink ruft laut „pink-pink". Weil er bei uns nicht nur in den Wäldern, sondern auch in Dörfern und Städten sehr häufig vorkommt, kannst du seine lauten Rufe häufig aus den Baumkronen heraus hören.

300. Antwort b) ist richtig. Wenn ein Rehbock um eine Ricke — so heißt das Rehweibchen — wirbt, laufen die beiden in der Balzzeit immer in einem engen Kreis umeinander.

301. Antwort c) ist richtig. Über 7.000 verschiedene Tierarten gibt es in einem Wald. Mit rund 5.200 Arten sind die kleinen Insekten die heimlichen Herrscher des Waldes.

302. Antwort b) ist richtig. Der Schneehase verliert kein einziges Haar im Herbst. Er trägt die weißen Haare das ganze Jahr über. Im Sommer sind sie kürzer als die dunklen seines Sommerfells. Wenn es kalt wird, wachsen die weißen Haare und überragen die dunklen. Der Schneehase ist jetzt weiß.

303. Antwort a) ist richtig. Die Larven der Schnellkäfer heißen Drahtwürmer, weil sie häufig beim Pilzesammeln mitgesammelt werden. Nimmt man sie dann zusammen mit dem gekochten Pilzgericht in den Mund, sind sie hart wie Draht.

304. Antwort c) ist richtig. Der Schnellkäfer hat zwischen der Brust und dem Hinterleib einen raffinierten Schleudermechanismus, der ihn aus der Rückenlage heraus rasch wieder auf die Beine bringt. Dabei schnellt ein Dorn an dieser Stelle aus seiner Verankerung heraus und schleudert den Käfer in die Luft.

305. Antwort a) ist richtig. Der Pseudoskorpion ist winzig klein. Seinen Namen verdankt er seinen großen Scheren am Kopf, die wie Skorpionscheren aussehen. Im Falllaub unter den Bäumen fängt er Springschwänze und Staubläuse.

306. Antwort c) ist richtig. Nur die vordere Hälfte des Regenwurms kann überleben, wenn sie mindestens 40 der rund 150 Körperringe des Tieres umfasst. Dann bildet sich ein neues Ende.

307. Antwort b) ist richtig. An heißen, trockenen Tagen verschließen die Schnecken ihr Gehäuse mit einer dichten Kalkplatte. Im Innern des Gehäuses ist es dann noch feucht genug für die Tiere. Nacktschnecken vergraben sich im Boden, wenn es heiß ist.

Wildschwein, Wolf & Waldameise

308. Antwort c) ist richtig. Rund 100.000 Insekten und ihre Larven vertilgt eine große Waldameisenkolonie an einem Tag. Damit halten sie viele Schädlinge im Wald im Zaum. Eine Kolonie Roter Knotenameisen melkt in einem Jahr rund 500 l Zuckersaft von den Blattläusen.

309. Antwort a) ist richtig. Der Laubfrosch ist ein richtiger Baumfrosch. Mit seinen Haftscheiben an Händen und Füßen erklimmt er Büsche und Bäume. Damit er von Feinden nicht entdeckt wird, schmiegt er sich ganz dicht an Stämme und Zweige.

310. Antwort a) ist richtig. Mit 20–30 g Gewicht wiegt eine Waldmaus so viel wie 5 Stück Würfelzucker. Diese neugierige Maus kann wie ein Känguru hüpfen und erkundet neugierig den Wald bis in 400 m Entfernung von ihrem Bau.

Wunder Tier

311. Antwort c) ist richtig. Frösche nehmen den größten Teil des benötigten Sauerstoffs direkt durch die Haut ihrer Körperoberfläche und die Schleimhaut in ihrem Maul auf.

312. Antwort a) ist richtig. Krokodile überraschen ihre Beute, wenn diese am Ufer eines Gewässers trinkt. Sie packen sie mit ihrem kräftigen Gebiss und ziehen sie blitzschnell unter Wasser, um sie zu ertränken. Dabei drehen sich die Krokodile oft mehrmals um die eigene Körperachse.

313. Antwort b) ist richtig. Der Krokodilwächter ist ein Vogel, der das weit aufgesperrte Maul eines am Ufer dösenden Krokodils nach Egeln und anderen genießbaren Kleintieren absucht. Er ist quasi die Zahnbürste des Krokodils.

314. Antwort c) ist richtig. Die riesigen Nagezähne des Bibers sind orangerot bis kastanienbraun. Wie bei den Mäusen und Hasen wachsen sie ständig nach und sind so kräftig, dass der Biber ohne weiteres auch das harte Holz von Eichen durchnagen kann.

315. Antwort a) ist richtig. In nur einer Nacht fällt ein Biber einen Baum mit einem Stammdurchmesser von 40 cm. Dabei nagt er den Stamm rundherum an, bis er umfällt. Es ist auch schon vorgekommen, dass ein ungeschickter Biber von dem selbst gefällten Baum erschlagen wurde.

316. Antwort b) ist richtig. Die bis zu 1,5 m langen Hechte sind die Könige unter den räuberischen Fischen im Teich. Zwischen Wasserpflanzen versteckt lauern sie auf Beute. Kommt ein Beutetier vorbei, packen sie es blitzschnell mit ihren großen, spitzen Zähnen.

Krake, Kröte & Krokodil

317. Antwort c) ist richtig. Kormorane tauchen nach Fischen und können zur Fischjagd abgerichtet werden. Da ihr Gefieder im Gegensatz zu den Entenvögeln nicht Wasser abweisend ist, wird es beim Tauchen nass. So hat der Vogel unter Wasser weniger Auftrieb und braucht nicht so viel Kraft, um zu tauchen. Dafür müssen sich Kormorane nach dem Tauchgang aufwärmen und in der Sonne trocknen.

318. Antwort c) ist richtig. Die bis zu 20 m langen Pottwale können bis zu 3.000 m tief tauchen und bleiben dann bis zu einer Stunde lang unter Wasser. So tief kann kein anderes Tier tauchen. Dort unten ist der Druck 300-mal größer als an der Wasseroberfläche.

319. Antwort b) ist richtig. Im Magen eines gefangenen Pottwals wurden die Reste eines knapp 20 m langen Riesenkraken gefunden. Denn die Pottwale fangen Riesenkraken in bis zu 3.000 m Tiefe. Ansonsten wissen wir von diesen besonders großen Tintenfischen bisher nur sehr wenig.

320. Antwort a) ist richtig. Der Blauwal ist das größte lebende Säugetier. Dieser Wal wird bis zu 35 m lang und wiegt mit 150 Tonnen so viel wie 23 Elefanten. Bei der Geburt misst ein Blauwalbaby 6—8 m und wiegt 2—3 Tonnen.

321. Antwort b) ist richtig. Wenn der Blauwal frisst, klappt er sein Maul rechtwinklig auf. Dann kann es 100.000 l Wasser mit Krillnahrung aufnehmen — so viel passt in ein 25 m langes und 2 m tiefes Schwimmbecken! Krillnahrung sind im Wasser lebende kleine Krebse und Kleinstlebewesen.

322. Antwort b) ist richtig. Der kleinste Fisch und gleichzeitig das kleinste Wirbeltier der Welt ist die 1 cm lange Zwerggrundel. Sie lebt in Flüssen auf den Philippinen. Zum Laichen zieht sie flussabwärts ins Meer. Die Jungfische wandern dann vom Meer zurück in die Flüsse und werden dort von den Menschen gefangen. In Öl oder als Fischpastete zubereitet gelten Zwerggrundeln auf den Philippinen als Delikatesse.

323. Antwort b) ist richtig. Der Schwertfisch erreicht eine Spitzengeschwindigkeit von bis zu 90 km/h. 100 m schafft er in gerade mal vier Sekunden. Der schnellste Freistilschwimmer der Welt braucht für die gleiche Strecke über 45 Sekunden.

324. Antwort c) ist richtig. Delfine springen bis zu 7 m hoch aus dem Wasser. Sie sind wahre Akrobaten und schlagen beim Sprung auch manchen Salto. Wenn ein Delfin springt, tun es ihm meist die Mitglieder seiner Gruppe nach.

325. Antwort b) ist richtig. Wenn ein Wal auftaucht, öffnet sich sein Blasloch auf seiner Stirn und er atmet die verbrauchte Luft aus. Sofort danach atmet er wieder ein und taucht ab.

326. Antwort c) ist richtig. Eine Küstenseeschwalbe fliegt im Jahr etwa 36.000 km weit. Das ist fast einmal um die Erde (40.000 km) herum — so weit fliegt kein anderer Vogel. Sie brütet im Sommer im Norden Europas und zieht danach nach Süden bis in die Antarktis. Dann kehrt sie um und fliegt wieder zu ihren angestammten Brutplätzen im hohen Norden zurück.

327. Antwort c) ist richtig. Der Seeotter hat das dichteste Fell aller Säugetiere. Bis zu 120.000 Haare wachsen ihm auf einem Quadratzentimeter Haut. Der Mensch hat gerade einmal 300 Haare auf der gleichen Hautfläche von 1 x 1 cm Größe. Sein dichtes Fell hält den Otter im kalten Wasser schön warm.

Krake, Kröte & Krokodil

328. Antwort a) ist richtig. Der Buckelwal ernährt sich von kleinen Krebstieren, den so genannten Krillgarnelen. Er schließt sie mit einem Netz aus Luftblasen ein und siebt täglich bis zu 2 Tonnen mit seinen bis zu 1 m langen Barten im Maul aus dem Wasser heraus. Barten sind lange, hornige Lamellen im Maul des Buckel- oder Blauwales.

329. Antwort a) ist richtig. Buckelwale sind besonders gute Sänger, die ununterbrochen über mehrere Tage hinweg singen können. Die Lieder kann man unter Wasser in über 30 km Entfernung noch hören.

330. Antwort c) ist richtig. Delfine springen aus dem Wasser, um Hautparasiten wie Läuse und Seepocken abzuschütteln. Aber manchmal springen sie sicher auch aus Lust und Freude am Spielen.

331. Antwort b) ist richtig. Delfine verfolgen ihre Beute bis in 300 m Tiefe. Am häufigsten gehen sie nachmittags und abends auf die Jagd nach Fischen und Tintenfischen.

332. Antwort b) ist richtig. Schwertwale sind Zahnwale, die im Gegensatz zu den Barten tragenden Blau- und Buckelwalen Zähne haben. Schwertwale sind die „Gesundheitspolizei" des Meeres, weil sie sich neben Fischen auch von kranken und schwachen Robben und Delfinen ernähren. Obwohl sie Menschen gegenüber meist friedfertig sind, werden sie auch „Killerwale" genannt.

333. Antwort a) ist richtig. Schwertwale schnellen über Eisschollen, um auf dem Eis liegende Robben zu erbeuten. Auf diese Weise jagen diese Tiere auch Eisbären ihre erlegte Beute ab.

334. Antwort b) ist richtig. In tropischen Küstengewässern leben die „Manati" genannten Seekühe. Jeden Tag verspeisen sie ein Viertel ihres Körpergewichts an Wasserpflanzen — das sind rund 100 kg. Ein 30 kg schweres Kind müsste jeden Tag 7,5 kg Salat essen, um genauso viel zu sich zu nehmen.

335. Antwort c) ist richtig. Seekühe sind mit Elefanten verwandt. Skelettreste an ihren Fingerspitzen belegen, dass beide gemeinsame Vorfahren hatten.

336. Antwort c) ist richtig. Wenn das bis zu 6 m lange See-Elefanten-Männchen Rivalen verjagen will, bläht es seinen Rüssel wie einen Ballon auf und brüllt. Diese Brüllen kann man 800 m weit hören. See-Elefanten sind die größten Robben.

337. Antwort b) ist richtig. Bis zu 2 Stunden lang können See-Elefanten tauchen und erreichen dabei Meerestiefen von 1.000 m. Die für menschliche Taucher sehr gefährliche Taucherkrankheit brauchen See-Elefanten nicht zu fürchten. Ihnen reicht der im Blut gespeicherte Sauerstoff für den langen und tiefen Tauchgang.

338. Antwort a) ist richtig. Das Walross ertastet Muscheln und andere Bewohner des Meeresbodens mit seinen empfindlichen Barthaaren. Die bis zu 55 cm langen Stoßzähne benutzt es als Waffe beim Kämpfen.

339. Antwort a) ist richtig. Alle 2—3 Jahre schwimmt diese Meersschildkröte über 1.500 km weit zu dem Strand, an dem sie einst aus dem Ei schlüpfte. Dort legen die Weibchen nach der Paarung etwa 100 Eier in einem selbst gebuddelten Sandloch ab. Nach 50—80 Tagen schlüpfen die kleinen Schildkröten und krabbeln ins Wasser.

340. Antwort c) ist richtig. Meeresschildkröten fressen die durchsichtigen, im Wasser treibenden Plastiktüten, weil sie sie mit ihrer Lieblingsbeute, den Quallen, verwechseln. Die unverdaulichen Tüten verstopfen Magen und Darm und führen zum Tod der Tiere.

341. Antwort a) ist richtig. Krokodile haben keine Ohrmuscheln wie wir. Ihre äußeren Gehörgänge enden hinter den Augen und werden beim Tauchen fest verschlossen. Krokodile haben unter den Kriechtieren — das sind neben ihnen Schildkröten, Schlangen und Echsen — die am besten entwickelten Gehörorgane.

342. Antwort b) ist richtig. Das Spitzkrokodil-Weibchen hilft seinen etwa 25 m langen Jungen beim Schlüpfen. Es befreit sie aus ihren Eischalen und trägt sie dann in seinem Maul zum Wasser.

343. Antwort c) ist richtig. Eisbären leben am Nordpol, während Pinguine nur auf der Südhalbkugel vorkommen. Einziger möglicher Treffpunkt der beiden: der Zoo!

344. Antwort b) ist richtig. Mit 75 km/h gleiten Fliegende Fische über der Wasseroberfläche durch die Luft. Wie ein Segelflugzeug nutzen sie die großen Brustflossen als Flügel und halten sie beim Flug ganz still.

345. Antwort c) ist richtig. Bei Gefahr pumpt sich der Igelfisch voll mit Wasser. Dabei richten sich die sonst anliegenden Stacheln in seiner Haut auf. So kann er sich in Felsspalten festklemmen und ist als Stachelkugel für Feinde ungenießbar.

Wunder Tier

346. Antwort a) ist richtig. In der finsteren Tiefsee nutzt der 8 cm lange Schwarze Tiefseeanglerfisch diesen Stachel als Leuchtköder zum Anlocken von Beutetieren. In dem Stachel produzieren Leuchtbakterien ein kaltes Licht.

347. Antwort b) ist richtig. Die Männchen des Tiefseeanglerfisches sind bis zu 20-mal kleiner als die Weibchen. Bei anderen Fischarten der dunklen Tiefsee sind die Männchen winzige Zwerge und am Körper der Weibchen festgewachsen. Sie lassen sich von den Weibchen ernähren.

348. Antwort c) ist richtig. Der bis zu 3 m lange Mondfisch sieht aus wie ein runder Mond. Sein Körper hat weder Schuppen noch eine richtige Schwanzflosse und er hält sich dicht unter der Wasseroberfläche der Hochsee auf. Das Mondfisch-Weibchen legt bis zu 300 Millionen Eier. Daraus schlüpfen 3 mm große Larven mit 5 Schutzstacheln, die wie kleine Igelfische aussehen.

349. Antwort b) ist richtig. Der 1,5 m lange Quastenflosser nimmt das elektrische Feld der Beutefische wahr, das jeden Fisch und jeden lebenden Organismus umgibt. Dies gelingt durch spezielle Organe in der Schnauze und der Schwanzflosse.

350. Antwort a) ist richtig. Sogar schon vor den ersten Dinosauriern gab es Quastenflosser auf der Erde. Aus ihren Vorfahren entwickelten sich die vierbeinigen Lurche, die als erste Wirbeltiere das Land eroberten.

351. Antwort a) ist richtig. Delfine und Wale sind Säugetiere wie wir. Ihre Vorfahren lebten an Land. Sie haben wie alle Säugetiere Haare, ein aus drei Knöchelchen aufgebautes Gehörorgan und sieben Halswirbel.

Krake, Kröte & Krokodil

352. Antwort b) ist richtig. Putzerfische säubern die Zähne der Muränen und schwimmen in dem geöffneten Maul ein und aus. Auch die Kiemen und die Haut befreien sie von lästigen Parasiten und alten Hautresten. Die häufigste Muränenart ist die schokoladenbraune Riesenmuräne mit einer Länge von bis zu 2,4 m.

353. Antwort c) ist richtig. Der Rotfeuerfisch treibt seine Beutefische in eine Felsspalte oder Nische und saugt sie ein. Die langen Stacheln auf seinen Rücken- und Bauchflossen enthalten ein hochwirksames Gift, mit dem sich der Rotfeuerfisch verteidigt.

354. Antwort b) ist richtig. Die Larven aller Plattfische – dazu gehören Scholle, Seezunge und Flunder – sehen wie ganz normale Fische aus. Erst im Alter von ein paar Monaten wandeln sie sich zu den platten Tieren, wie du sie aus einem Aquarium kennst.

355. Antwort a) ist richtig. Da ihre Augen auf der Oberseite des Kopfes liegen, kann die Scholle gleichzeitig nach vorne, hinten, links, rechts und nach oben sehen, wenn sie auf dem flachen Meeresgrund liegt. Als Larve liegen die Augen noch zu beiden Seiten des Kopfes und wandern erst im Alter von einigen Monaten auf eine Kopfseite.

356. Antwort b) ist richtig. Seepferdchen sind Fische, die ihren Namen dem pferdeähnlichen Kopf verdanken. Sie leben zwischen Seegräsern, Algen und Korallen. Weil sie ihre Farbe an die Pflanzen anpassen, die sie umgeben, sind sie nur schwer zu sehen.

357. Antwort b) ist richtig. Die bis zu 15 cm langen Seepferdchen verankern sich mit ihrem Greifschwanz an Pflanzen und Korallen. Seepferdchen können schlecht schwimmen und werden von der Strömung nur deshalb nicht abgetrieben, weil sie sich festhalten.

358. Antwort a) ist richtig. Die Weibchen geben ihre Eier in die Bruttasche der Männchen, die sich auf dem Bauch befindet. Nach einigen Wochen schlüpfen darin etwa 200 Jungtiere, die das Männchen aus der Bruttasche ins Wasser entlässt.

359. Antwort b) ist richtig. Der Thunfisch wird bis zu 3 m lang und wiegt bis zu 300 kg. Der als Speisefisch beliebte Thunfisch kann bis zu 75 km/h schnell schwimmen und überquert mühelos den Atlantik.

360. Antwort c) ist richtig. Der bis zu 5 m lange Hammerhai hat wie alle Haie ein Revolvergebiss, bei dem ständig neue Zähne nachwachsen. Fällt ein Zahn aus oder ist er beschädigt, so wird er sofort ersetzt. Daher verbraucht ein Hai jedes Jahr bis zu 150 Zähne.

361. Antwort b) ist richtig. Der Manta ist mit einer Flossen-Spannweite von über 6 m und einem Gewicht von 2 Tonnen der größte Rochen. Wie ein Vogel fliegt er mit seinen großflächigen Brustflossen durch die tropischen Meere.

362. Antwort a) ist richtig. Mit hohem Druck presst dieser Tintenfisch Wasser durch eine bewegliche Düse am Kopf, den Atemtrichter. Dabei schießt er davon wie eine Rakete mit Rückstoß.

Krake, Kröte & Krokodil

363. Antwort b) ist richtig. Tintenfische haben Linsenaugen, die sehr hoch entwickelt sind. Ihr Aufbau aus Linse, Iris und Netzhaut ähnelt menschlichen Augen.

364. Antwort c) ist richtig. Die Mördermuschel ist mit 1,5 m Länge und einem Gewicht von bis zu 500 kg die größte Muschel der Welt. Ihren Namen verdankt sie dem Irrglauben, dass Taucher zwischen ihren Schalenhälften festgeklemmt werden könnten. Die Schale schließt zwar sehr fest, aber kein Taucher wurde bisher von einer Mördermuschel eingeklemmt.

365. Antwort a) ist richtig. Auf dem weichen Mantelsaum vieler Muscheln sitzen kleine Punktaugen. Wenn diese Bewegungen in ihrer Nähe wahrnehmen, schließen die Muscheln ihre Schalen.

366. Antwort a) ist richtig. Die Seeanemone hat giftige Nesselkapseln, mit denen sie den wehrlosen Einsiedlerkrebs vor Feinden schützt. Dafür bekommt sie die Essensreste vom Krebs. Beide Tiere haben einen Nutzen davon, dass sie zusammenleben.

367. Antwort b) ist richtig. Ein Blauwalbaby trinkt täglich 90 l Muttermilch, die besonders fetthaltig ist. So wird das Kleine rasch groß. Pottwalbabys brauchen nur 20 l Milch an einem Tag.

368. Antwort c) ist richtig. Robbenmilch ist die fetteste Milch mit über 40 % Fett. Sie ist dickflüssig, weil sie nur 40 % Wasser enthält. Kuhmilch besteht aus 3,8 % Fett und 90 % Wasser.

369. Antwort c) ist richtig. Die zusammengesetzten Augen des Hummers bestehen aus bis zu 14.000 Einzelaugen. Sie sitzen auf beweglichen Stielen, die der Krebs in verschiedene Richtungen drehen kann.

370. Antwort c) ist richtig. Krill werden auch die kleinen, bis zu 7 cm langen Krillgarnelen genannt. Sie leben im Meer und kommen besonders zahlreich in den klaren Gewässern rund um die Antarktis vor. Von Krill ernähren sich viele Tiere.

371. Antwort b) ist richtig. Im Sommer finden Blauwale, Mantas, Pinguine und andere Tiere in den kalten Gewässern reichlich Nahrung. Zu diesem Zeitpunkt gibt es sehr viele Krillgarnelen, die nun ihrerseits viele Algen zum Fressen finden. Denn Algen vermehren sich bei nahezu 24 Stunden Sonnenschein pro Tag besonders schnell.

372. Antwort a) ist richtig. Die Dornenkrone verdaut wie alle Seesterne ihre Nahrung außerhalb des Körpers. Sie stülpt sich über ihre Beute, spuckt Verdauungssäfte auf sie und saugt dann die getöteten, nun flüssigen Beutetiere ein. Die Dornenkrone ist der größte Feind der Korallen, von denen sie sich ausschließlich ernährt.

373. Antwort b) ist richtig. Korallen sind Tiere. Heute leben etwa 2.500 Arten von Korallentieren, die alle verschiedene Kalkgehäuse bauen. Manche ähneln einem Geweih, andere erheben sich wie Folien über dem Meeresboden und wieder andere erinnern an einen mehrstöckigen Tisch.

374. Antwort a) ist richtig. Die Korallentiere wachsen pro Jahr bis zu 3 cm in die Höhe. Seit über 15 Millionen Jahren bauen sie das größte Riff der Erde, das über 2.000 km lange Barrier-Riff vor der australischen Küste, auf.

375. Antwort c) ist richtig. Bis zu 50 m lang hängen bei der Portugiesischen Galeere die Fangarme wie ein Fangnetz ins Wasser herab. Fische, die sich darin verfangen, werden binnen Sekunden betäubt. Diese Quallen lassen sich auf der Meeresoberfläche mit dem Wind treiben.

Krake, Kröte & Krokodil

376. Antwort c) ist richtig. Manche Biberdämme sind bis zu 100 Meter lang, gut 2 m breit und so fest gebaut, dass ein Reiter unbehelligt darüber reiten kann. Der längste Biberdamm misst sogar 780 m.

377. Antwort a) ist richtig. Lachse schlüpfen im Süßwasser aus dem Ei. Ihre Jugend verbringen sie in Bächen und Flüssen, um anschließend für einige Jahre ins Meer zu ziehen. Zur Eiablage kehren sie zu ihrem Geburtsort zurück, den sie durch seinen ganz eigenen Geruch wiederfinden.

378. Antwort b) ist richtig. Zitteraale erzeugen mit ihren elektrischen Organen starke Ströme. Damit betäuben sie ihre Beute, die sich nun mühelos fangen lässt. Auch zur Verteidigung und zur Revierabgrenzung setzen Zitteraale die starken elektrischen Ladungen ein.

379. Antwort a) ist richtig. Der größte Riesenkalmar, den man fand, war 22 m lang, seine Augen maßen 40 cm im Durchmesser, seine Saugnäpfe ca. 20 cm. Auf der Haut von Pottwalen fand man 30 cm große Abdrücke von Saugnäpfen. Man kann also davon ausgehen, dass es über 30 m lange Riesenkalmare gibt!

380. Antwort c) ist richtig. Der Walhai ist mit einer Länge von bis zu 18 m der größte Fisch. Blauwale und andere riesige Walarten sind keine Fische, sondern Säugetiere.

381. Antwort a) ist richtig. Weil das salzhaltige Meerwasser kälter als 0 Grad Celsius werden kann, schützen sich die Fische vor dem Einfrieren durch die Bildung eines Frostschutzmittels aus Zucker.

382. Antwort b) ist richtig. Obwohl sie anders aussehen, gehören Tintenfische wie Muscheln und Schnecken zu den Weichtieren. Im Inneren ihres Körpers tragen Tintenfische noch den Rest eines Skeletts, wie es ihre Vorfahren einst trugen.

383. Antwort a) ist richtig. Die Lachmöwe kommt zu ihrem Namen, weil sie an kleinen Seen und Lachen brütet. Sie brütet meist in großen Kolonien mit mehreren Tausend Brutpaaren. Ihre Nester baut sie auf leicht erhöhten Plätzen in Bodennähe.

384. Antwort a) ist richtig. Die Libelle kann nicht stechen und ist auch nicht giftig. Sie fliegt wie ein Hubschrauber rückwärts und kann sogar in der Luft stehen bleiben, weil sie ihre vier Flügel unabhängig voneinander bewegen kann.

385. Antwort c) ist richtig. Die ungiftige Ringelnatter jagt hauptsächlich im Wasser. Vorsichtig schlängelt sie sich an Frösche und Fische heran und packt sie dann rasch mit den Zähnen. Sie verschlingt ihre Beute lebend in einem Stück.

386. Antwort c) ist richtig. Seehunde erreichen bei einer Größe von 1,5–1,8 m ein Gewicht von bis zu 200 kg. Diese häufigste Säugetierart der Nordsee kann bis zu 100 m tief tauchen und bis zu 20 Minuten unter Wasser bleiben.

387. Antwort b) ist richtig. Die Austernfischer bewegen sich mit Ebbe und Flut, weil sie auf trockenen Flächen ihre Nahrung finden. Bei Ebbe fliegen sie auf die frei werdenden Wattflächen, bei Flut auf die Marschwiesen am Ufer.

388. Antwort a) ist richtig. Zum Brüten suchen Brandenten die Höhlen von Wildkaninchen auf und bauen darin ihre Nester. Gelegentlich benutzen sie auch einen Fuchsbau und halten den Fuchs durch Fauchen und durch die Absonderung eines stinkenden Stoffes fern.

Krake, Kröte & Krokodil

389. Antwort b) ist richtig. Ein Tintenfisch hat 8 Fangarme. Daher stammt auch der Name Oktopus von griechisch „okto", das bedeutet „acht". Manche Arten wie der Sepia haben noch zusätzlich 2 längere Fangtentakel. Aus der „Tinte" der Sepien wurde früher Malerfarbe hergestellt. Dieser Farbton wird heute noch „Sepia" genannt.

390. Antwort a) ist richtig. Fische, Krebse, Insekten und deren Larven verstecken sich im reißenden Bach die meiste Zeit hinter dicken Steinen und Wurzeln, die am Ufer in das Wasser hineinragen. In deren Windschatten gehen sie auf Nahrungssuche oder packen Fressbares, das ihnen mit der Strömung zugetragen wird.

391. Antwort c) ist richtig. Anders als die ausgewachsenen Libellen leben ihre Larven am Grund der Gewässer. Sie sind sehr gefräßig und fangen Wasserflöhe, Insekten und deren Larven sowie junge Fische.

392. Antwort b) ist richtig. Die Elritze, ein kleiner heimischer Süßwasserfisch, ist durch ihre Stromlinienform perfekt an stark strömendes Wasser angepasst. Sie lebt in Schwärmen und versteckt sich zum Ausruhen zwischen Baumwurzeln.

393. Antwort b) ist richtig. Fischarten wie der Wels, die am Gewässergrund leben, tragen oft lange Bartfäden um ihr Maul. Mit den vielen Sinnesorganen auf diesen so genannten Barteln tasten die Fische am trüben Boden nach Beutetieren.

394. Antwort a) ist richtig. Der Eisvogel sitzt lauernd auf einem Ast über dem Wasser. Wenn er einen Fisch erblickt, stürzt er wie ein Pfeil ins Wasser und packt ihn mit seinem Schnabel. Das alles geht blitzschnell.

395. Antwort a) ist richtig. Die Schwalben fliegen dicht über der Wasseroberfläche, weil sich dort viele Mücken aufhalten. Diese legen ihre Eier ins Wasser und die jungen Mücken fliegen von der Wasseroberfläche auf, nachdem sie aus der Puppenhülle geschlüpft sind.

396. Antwort c) ist richtig. Der Taumelkäfer hat spezielle Schwimmbeine, die ihn bis zu 24 cm in der Sekunde auf der Wasseroberfläche vorantreiben. Mit seinen geteilten Augen kann der in Teichen lebende Käfer gleichzeitig über und unter die Wasseroberfläche schauen.

397. Antwort b) ist richtig. Die Libellenlarve packt ihre Beute durch blitzartiges Hervorschnellen der Mundwerkzeuge. Die Unterlippe aller Libellenlarven ist wie eine Fangmaske mit spitzen Klauen am äußeren Ende geformt.

398. Antwort b) ist richtig. Das Männchen der Geburtshelferkröte trägt die Eier 2–3 Wochen lang an Land mit sich herum. Wenn die Larven schlüpfen, bringt das Männchen sie ins Wasser. Dort entwickeln sich die Larven zu ausgewachsenen Kröten.

399. Antwort c) ist richtig. Die Larven der Stechmücke entwickeln sich in stehenden Gewässern. Die Weibchen legen ihre Eier auch in kleinsten Wasserpfützen, Eimern und Gießkannen ab.

400. Antwort b) ist richtig. Die braune Wasseramsel mit der weißen Brust ist der einzige Singvogel Europas, der tauchen kann. Sie läuft – unter Wasser! – am Bachgrund gegen die Strömung an und erbeutet dort Wasserinsekten.

Krake, Kröte & Krokodil

401. Antwort b) ist richtig. Der Rückenschwimmer ist eine unter Wasser schwimmende Wanze. Er hat einen langen Stechrüssel und kann — wie alle Wanzen — äußerst schmerzhaft stechen. Auch Kühe und Pferde piesackt er an Wassertränken mit seinen Stichen.

402. Antwort a) ist richtig. Der Bitterling ist ein Fisch, der in heimischen Teichen und Seen lebt. Er legt seine Eier mit einer Legeröhre in die Teichmuschel. Bald schlüpfen die Jungen und werden über das durch die Muschel strömende Wasser bestens mit Sauerstoff und Nahrung versorgt. Nach 2—3 Wochen verlassen die Larven die Muschel über die Ausströmöffnung.

403. Antwort b) ist richtig. Der Fischegel hält sich mit seinem hinteren Saugnapf an Wasserpflanzen fest. Kommt ein Fisch vorbei, saugt er sich mit dem vorderen Saugnapf an ihm fest und lässt die Wasserpflanzen los. Dann saugt er Fischblut. Auch der Blutegel lebt in unseren Teichen und Tümpeln. Neben Fischblut ernährt er sich auch von dem Blut von Fröschen und Molchen.

404. Antwort b) ist richtig. Die Wasserspinne baut sich aus feinen Spinnfäden unter Wasser eine Taucherglocke und füllt sie mit Luft. Darin lebt sie, frisst, häutet, paart sich und legt ihre Eier ab. Wenn die Luft in der Glocke langsam zu Neige geht, taucht sie mehrmals auf und bringt kleine Luftbläschen mit zurück. Diese bleiben an ihrer Körperoberfläche hängen.

405. Antwort c) ist richtig. Der Höckerschwan gehört mit einem Gewicht von rund 15 kg und einer Länge von über 1,5 m zu den größten flugfähigen Vögeln der Welt. Wenn er starten will, muss er erst eine lange Strecke flügelschlagend auf der Wasseroberfläche laufen, bevor er abhebt. Fliegt er, hörst du die singenden Flügelgeräusche.

406. Antwort a) ist richtig. Die Bisamratte wurde bei uns aus Nordamerika zur Pelzzucht eingeführt. Doch viele Tiere entkamen und haben sich bei uns vermehrt und verbreitet. Sie leben heute an den Ufern von Gewässern und ernähren sich von Wasserpflanzen.

407. Antwort a) ist richtig. Bisamratten graben tiefe Gänge in die Uferböschungen und unterhöhlen Dämme und Deiche. So zerstören sie die Uferbefestigungen von Kanälen und Flüssen. Wo solche Böschungen fehlen, legen Bisamratten kegelförmige, bis zu 2 m hohe Burgen aus Schilf und Binsen an, die im Wasser stehen.

408. Antwort c) ist richtig. Der in heimischen Flüssen lebende Aal verlässt im Alter von 9—18 Jahren den Fluss und schwimmt in Richtung Meer. Er durchquert das Meer auf geheimnisvollen Wanderwegen und legt seine Eier in den Gewässern der Sargasso-See mitten im Atlantik ab. Mit der Strömung treiben die jungen Aale an die Atlantikküste und schwimmen in die Flüsse.

409. Antwort c) ist richtig. Der Grottenolm lebt im Wasser dunkler Höhlen, wo niemals die Sonne scheint. Deswegen braucht er keine dunkle Hautfärbung, um sich vor der Sonne zu schützen.

410. Antwort b) ist richtig. Bis zu 1 m tief kann sich die heimische Knoblauchkröte bei drohender Gefahr oder Trockenheit rückwärts in den Boden eingraben. Dazu nutzt sie die scharfen Grabschaufeln an ihren Hinterfüßen.

Krake, Kröte & Krokodil

411. Antwort a) ist richtig. Ochsenfrösche sind Kannibalen, denn ihre Nahrung besteht größtenteils aus Artgenossen. Daneben fressen sie alles, was ihnen vors Maul kommt. Diese Frösche leben eingegraben im Erdboden in den trockenen Savannen Afrikas und tauchen nur nach starken Regengüssen auf.

412. Antwort c) ist richtig. Der Afrikanische Goliathfrosch, ein Verwandter des Ochsenfrosches, misst bis zu 40 cm und wiegt mehr als 3 kg.

413. Antwort a) ist richtig. Die Seeschlangen stammen von den ursprünglich an Land lebenden Giftnattern ab, die vor langer Zeit den Lebensraum Meer erobert haben. Sie können lange Zeit unter Wasser bleiben, müssen aber zum Atmen an die Wasseroberfläche kommen.

414. Antwort a) ist richtig. Die bis zu 1,8 m lange Meerechse lebt auf den Galapagos-Inseln. Sie verbringt viele Stunden täglich im Meer mit der Suche nach fressbaren Algen und Tangen. Mit ihrem gezackten Rückenkamm ähnelt sie einem Drachen aus Märchen und Sagen.

415. Antwort b) ist richtig. Kegelschnecken besitzen einen langen Rüssel, der in einem Giftpfeil endet. Nähert sich der von Sand bedeckten Schnecke ein Beutetier, schnellt der Giftrüssel hervor und spritzt das tödliche Gift in das Opfer. Auch Menschen können an dem Gift sterben, wenn sie nicht sofort ärztlich behandelt werden.

416. Antwort c) ist richtig. Obwohl Krokodile den Eidechsen ähnlich sehen, sind sie viel näher mit den Vögeln verwandt. Beide stammen von den Archosauriern ab.

417. Antwort b) ist richtig. Der Ostasiatische Riesensalamander, ein Verwandter der Molche und des Feuersalamanders, ist der größte Lurch der Erde. Er wird bis zu 1,5 m lang.

418. Antwort a) ist richtig. Die Seekatze ist ein Knorpelfisch wie Haie und Rochen. Sie lebt am Meeresboden in 200–500 m Tiefe und ernährt sich von kleinen Fischen, Krebsen, Seesternen und Seeigeln.

419. Antwort b) ist richtig. Die meisten Seeschlangen gebären lebende Junge im flachen Gewässer nahe der Küsten. Nur die urtümlichen Plattschwanz-Seeschlangen legen ihre Eier an Land ab.

420. Antwort c) ist richtig. Die Suppenschildkröte schwimmt alle 2–3 Jahre über 1.600 km weit von ihren Weidegründen vor der südamerikanischen Küste zu den Nistplätzen, die auf einsamen Inseln mitten im Atlantik liegen. Vor vielen Millionen Jahren war der Atlantik noch viel schmaler. Weil er jedes Jahr einige Zentimeter breiter wird, die Suppenschildkröten aber immer an denselben Stränden ihre Eier ablegen, müssen sie jedes Mal etwas weiter schwimmen. So kam es im Laufe von Millionen Jahren zu der weiten Wanderung.

421. Antwort a) ist richtig. Der so genannte Schiffsbohrwurm ist eine Muschel, die auch in der Nordsee vorkommt. Sie ernährt sich von Holz und bohrt sich mit ihren umgestalteten Schalenhälften in Holzbohlen, Treibholz und hölzernen Schiffsrümpfen ein.

422. Antwort c) ist richtig. Bis zu 2.000 ausgewachsene Miesmuscheln passen auf eine Fläche von 1 m², da sie auch übereinander sitzen. Mit ihren langen Byssusfäden heften sie sich an der Unterlage fest.

423. Antwort b) ist richtig. Neugeborene Krokodile suchen im Maul der Mutter Schutz vor Feinden. Dort haben etwa 25 der handgroßen frisch geschlüpften Krokodile Platz.

424. Antwort c) ist richtig. Krokodile können bis zu 1 Stunde lang unter Wasser bleiben, ohne zu atmen. Ihre Nasenöffnungen halten sie in dieser Zeit dicht verschlossen.

425. Antwort a) ist richtig. Der Stechrochen trägt auf seinem Schwanzende einen Stachel mit einer Giftdrüse, deren Gift auch für Menschen tödlich sein kann.

426. Antwort b) ist richtig. Mehr als 25.000 Fischarten gibt es auf der ganzen Welt. Manche leben im Süßwasser, die anderen im Meerwasser.

427. Antwort b) ist richtig. Haie haben keine Schwimmblase wie die meisten anderen Fische. Sie würden auf den Meeresboden sinken, wenn sie sich nicht ständig bewegen würden.

428. Antwort a) ist richtig. Quallen „schwimmen" durchs Wasser, indem sie den Schirm, der ihren Körper säumt, zusammenziehen und erweitern. Durch diese Bewegung gibt es einen nach hinten gerichteten Wasserstrom, der die Tiere wie eine Rakete mit Rückstoß vorantreibt.

429. Antwort c) ist richtig. Auf ihrer Jagd nach den täglich benötigten 5 kg Fisch tauchen Seehunde bis zu 20 Minuten lang. Sie sind hervorragende Schwimmer und flitzen mit bis zu 35 km/h durchs Wasser.

430. Antwort b) ist richtig. Der Tümmler kann bis zu 600 m tief tauchen. Er lebt in allen wärmeren Meeren und kommt auch im Mittelmeer vor. Gelegentlich wurde er auch schon in der Nordsee beobachtet.

431. Antwort a) ist richtig. Der Fischotter vertilgt kleinere Fische, Krebse oder Frösche, indem er sich an der Wasseroberfläche auf den Rücken legt. Seine Beute hält er mit den Händen fest und verspeist sie genüsslich. Größere Beute vertilgt er an Land.

432. Antwort c) ist richtig. Der Graureiher ist ein Lauerjäger. Lange Zeit steht er ruhig im flachen Wasser nahe des Ufers. Nähert sich ein Fisch, stößt er blitzschnell zu. Immer häufiger kann man Graureiher auch auf Wiesen bei der Mäusejagd beobachten, ebenso wie Weißstörche.

433. Antwort b) ist richtig. Pilgermuscheln schwimmen durch Auf- und Zuklappen ihrer beiden Schalenhälften. Sind sie in Gefahr, schlagen die Schalen blitzschnell zusammen. Sie schießen plötzlich mit hoher Geschwindigkeit davon und können so entfliehen.

434. Antwort c) ist richtig. Der nackte Hinterleib des Einsiedlerkrebses ist nur von einer weichen Haut umgeben und trägt keinen schützenden Panzer. Wenn er wächst und in ein größeres Schneckenhaus umziehen muss, ist sein weicher Hinterleib vor Feinden, die ihn fressen wollen, ungeschützt.

435. Antwort a) ist richtig. Das Schwanzwedeln ermöglicht es dem Flusspferd, seine Ausscheidungen auf einer größeren Wasserfläche zu verteilen. So markiert es sein Revier.

Krake, Kröte & Krokodil

436. Antwort c) ist richtig. Die im Wasser lebenden Larven der Eintagsfliege leben durchschnittlich 2 Jahre, das ausgewachsene Insekt hingegen oft nur wenige Stunden. Das lässt ihr gerade noch Zeit, um sich zu paaren und fortzupflanzen. Zeit zum Fressen hat sie nicht — und braucht deshalb auch keinen Mund.

437. Antwort c) ist richtig. Jedes Jahr kehrt das Weißkopf-Seeadler-Pärchen zu seinem Nest zurück und baut es weiter und größer aus. Dadurch kann es mit einem Gewicht von bis zu 2 Tonnen (= 2.000 kg) so schwer werden wie zwei Autos.

438. Antwort b) ist richtig. Papageitaucher erbeuten Fische, indem sie tauchen. Wenn sie vom Fischfang zurückkehren, um ihre Küken zu füttern, können sie in ihrem Schnabel bis zu 10 Fische gleichzeitig tragen. Zur Begrüßung reiben die Partner ihre Schnäbel aneinander.

439. Antwort a) ist richtig. Der Küstenvogel Basstölpel saust aus 10—40 m Höhe im Sturzflug auf das Wasser zu und legt dabei seine Flügel an. Mit 100 km/h durchbricht er die Wasseroberfläche und taucht bis zu 5 m tief, bevor er mit einem erbeuteten Fisch wieder auftaucht.

440. Antwort a) ist richtig. Die Zähne des Krokodils fallen regelmäßig aus, wachsen aber sofort wieder nach. So hat es stets ein funktionierendes Gebiss.

441. Antwort b) ist richtig. Chinesische Fischer binden einem Kormoran eine Leine um den Hals und lassen ihn dann tauchen. Sobald der Vogel einen Fisch geschnappt hat, holen sich die Fischer die Beute aus dem Schnabel des Kormorans. Der Vogel bekommt aber einen Teil seines Fangs als Nahrung ab.

442. Antwort b) ist richtig. Seelöwen erkennt man an ihren kleinen, gut sichtbaren Ohrmuscheln. Sie können auch – anders als Seehunde – auf allen vier Flossen laufen.

443. Antwort c) ist richtig. Das Seepferdchen streckt seinen Kopf und reibt dadurch seine Schädelknochen aneinander. So entstehen Töne – wozu, das hat man bisher noch nicht herausgefunden!

444. Antwort a) ist richtig. Der im Süßwasser lebende Blutegel kann 2 Jahre ohne Nahrung auskommen. Findet er dann ein Opfer, saugt er sich voller Blut. Dabei schwillt sein Körper auf das Zehnfache seiner vorherigen Größe an.

445. Antwort a) ist richtig. Der Pottwal hat nur ein Luftloch zum Atmen, im Gegensatz zu den anderen Walen oder zu uns Menschen. Es liegt auf der Oberseite seines Kopfes und ist beim Tauchen fest verschlossen.

446. Antwort b) ist richtig. Der Krake sondert eine Tintenwolke ab, daher kommt sein Name Tintenfisch. Der Angreifer verliert für einige Augenblicke die Sicht und in dieser Zeit flieht der Krake in ein Versteck.

447. Antwort c) ist richtig. Die magenbrütenden Rheobatrachus-Frösche leben in Waldbächen im australischen Bergland. Das Weibchen frisst seine eigenen Eier auf. Aus den Eiern schlüpfen die Kaulquappen. Diese wachsen, vor Feinden geschützt, im Magen der Mutter auf. Nach 6–7 Wochen schlüpfen sie, werden von der Mutter herausgewürgt und leben nun im Freien.

Krake, Kröte & Krokodil

448. Antwort b) ist richtig. Die Seewespe ist eine australische Quallenart und das giftigste Lebewesen des Meeres. Wenn ein Mensch sie berührt oder von den langen, im Wasser hängenden Fangfäden gestreift wird, kann er sterben. Die Qualle ist im Wasser nur sehr schwer zu sehen.

449. Antwort a) ist richtig. Anders als bei den ausgewachsenen Flusspferden werden die wasserscheuen Zwergflusspferde an Land geboren und dort gesäugt. Erst wenn sie älter sind, gehen sie ins Wasser.

450. Antwort b) ist richtig. Der Seestern steckt seinen ausstülpbaren Magen in die Muschel hinein und spritzt Verdauungssäfte in ihr Inneres. Dann braucht er nur eine Weile zu warten, bis sich das Muschelfleisch verflüssigt hat, und saugt es ein.

451. Antwort c) ist richtig. Obwohl der Tintenfisch die am besten entwickelten Augen unter den wirbellosen Tieren besitzt, kann er nur schwarz-weiß sehen. Bewegungen kann er mit seinen Augen sehr gut wahrnehmen.

452. Antwort b) ist richtig. Der Hai kann ausgezeichnet hören und nimmt Geräusche aus mehreren Kilometern Entfernung wahr. Sein Geruchssinn ist ebenfalls gut entwickelt. Er kann Blut, das mehr als 100 m entfernt ist, wahrnehmen.

453. Antwort b) ist richtig. Die Knochen des Pelikans enthalten Luft und sind so besonders leicht. Dadurch kann er trotz seiner beachtlichen Körpergröße vom Boden abheben und fliegen.

454. Antwort b) ist richtig. Wie einige andere Krebse auch besitzt die Winkerkrabbe unterschiedlich große Scheren. Die größere Schere setzt sie meist zur Verteidigung ein. Sie schwenkt sie hin und her, um ihre Feinde einzuschüchtern.

455. Antwort c) ist richtig. Der Albatros hat die größte Flügelspannweite mit bis zu 3,6 m. Er kann ausgezeichnet in der Luft segeln und legt viele Tausende von Kilometern auf seinen jährlichen Wanderungen zurück, ohne mit den Flügeln zu schlagen. Herrschen keine Segelbedingungen, muss der Albatros landen und auf besseres Wetter warten. Ohne Thermik kann der bis zu 12 kg schwere Vogel nicht fliegen.

456. Antwort b) ist richtig. Flamingos sind rosa, weil sie sich von Krebstierchen ernähren, die wiederum selbst mikroskopisch kleine Algen mit viel Karotin, dem Farbstoff der Karotte, fressen. Ohne diese Nahrung wären die Federn weiß. Im Zoo erhalten Flamingos deshalb rote Paprika zum Fressen.

457. Antwort c) ist richtig. Das heimische Teichhuhn besitzt lange Zehen an seinen Füßen und kann auf den Blättern von Seerosen und anderen Schwimmpflanzen über das Wasser laufen. Meist geht es aber am Ufer auf Suche nach Blättern, Früchten, Körnern und Insekten.

458. Antwort a) ist richtig. Schützenfische schießen Insekten, die am Ufer auf Blättern sitzen, mit einem Wasserstrahl ab. Fällt dann das Beutetier auf die Wasseroberfläche, schnappt der Fisch zu. Sie treffen Ziele in fast 2 m Entfernung!

459. Antwort c) ist richtig. Es gibt 350 verschiedene Hai-Arten. Die kleinste ist gerade mal 15 cm groß, der größte ist der Walhai mit einer Länge von bis zu 18 m. Nur ganz wenige Arten, darunter der Weiße Hai, der Bullenhai und der Schwarzspitzen-Riffhai, können dem Menschen gefährlich werden.

Krake, Kröte & Krokodil

460. Antwort c) ist richtig. Der Hummer hat zehn Beine und zwei kräftige Scheren. Er lebt im Flachwasser unter Steinen. Auf der Suche nach toten Fischen und anderem Aas krabbelt er auf dem Gewässergrund umher.

461. Antwort b) ist richtig. Obwohl sie wie eine bunt gefärbte Gurke aussieht und ganz weich ist, gehört die Seegurke wie die Seesterne und Seeigel zu der Tiergruppe der Stachelhäuter. In der Haut der Seegurke sind kleine stachelige Platten eingelassen, die an diese Verwandtschaft erinnern. Mit ihren langen klebrigen Fangfäden ergreift sie Wasserpflanzen und Tiere.

462. Antwort c) ist richtig. Der Schlammspringer ist ein Fisch, dessen Kopf einem Froschkopf ähnlich sieht. Er bewegt sich geschickt bei Ebbe über die Schlickflächen tropischer Mangrovensümpfe. Bei Gefahr kann er sogar blitzschnell auf der Wasseroberfläche laufen.

463. Antwort a) ist richtig. Ein Schwarm der nur 30 cm langen Piranhas zerfleischt ein Wasserschwein in wenigen Minuten. Dieser in südamerikanischen Flüssen lebende Raubfisch kann einen menschlichen Finger mit Knochen und Sehnen mit einem Biss abbeißen.

464. Antwort b) ist richtig. Bis zu 900 Kaulquappen erbeutet die Gelbrandkäferlarve in einem Sommer. Dann krabbelt sie an Land und verpuppt sich eingegraben im Erdboden. Nach 2–3 Wochen schlüpft der fertige Gelbrandkäfer und kehrt ins Wasser zurück.

465. Antwort c) ist richtig. Aus 40 l Wasser, die eine Muschel in einer Stunde durchströmt, filtert sie alle Schwebteilchen wie kleine Algen oder Larven heraus. So reinigt sie das Wasser.

466. Antwort c) ist richtig. In den südamerikanischen Urwäldern lebt der Baumsteiger- oder Pfeilgiftfrosch. Das Gift eines einzigen gelben Pfeilgiftfrosches reicht aus, um 20.000 weiße Mäuse oder mehrere erwachsene Menschen zu töten.

467. Antwort a) ist richtig. Die Pfeilgiftfrösche scheiden über ihre Haut ein tödlich wirksames Nerven- und Muskelgift aus. Die Indianer Südamerikas bestreichen mit diesem Gift ihre Pfeilspitzen, bevor sie auf die Jagd gehen. Der vergiftete Pfeil lähmt einen getroffenen Vogel sofort.

468. Antwort b) ist richtig. Der Baumpython trägt auf seinen Lippen wärmeempfindliche Sinnesorgane. Mit ihnen nimmt er wie mit einer Infrarotkamera die Körperwärme von Tieren und Menschen wahr, selbst wenn diese gut versteckt sind.

469. Antwort a) ist richtig. Die Brillenschlange oder Indische Kobra kann die Flötentöne nicht hören. Vielmehr folgt sie der Bewegung der Flöte und richtet sich zur Verteidigung auf.

470. Antwort c) ist richtig. Der Mungo, eine kleine Schleichkatze, versucht die Schlange zu töten. Dabei springt er um sie herum und beißt sich in ihrem Nacken fest.

471. Antwort a) ist richtig. Das Chamäleon kann seine Augen unabhängig voneinander in alle Richtungen bewegen. Erst wenn es eine Beute erspäht, richtet es beide Augen darauf.

Panda, Panther & Papagei

472. Antwort b) ist richtig. Das kleinste Chamäleon ist so groß wie ein menschlicher Daumen. Es lebt in den Urwäldern Madagaskars. Das Riesenchamäleon hingegen wird bis zu 65 cm lang.

473. Antwort a) ist richtig. Kolibris bleiben vor nektarreichen Blüten in der Luft stehen, tauchen ihren langen, gebogenen Schnabel in die Blütenkelche und saugen den süßen Saft. Dabei schlagen sie mit ihren Flügeln bis zu 100-mal in der Sekunde! Den Rückwärtsflug beherrschen sie ebenfalls.

474. Antwort c) ist richtig. Zwischen den verlängerten Rippen des Flugdrachen ist auf jeder Körperseite eine Flughaut aufgespannt. Mit ihr kann diese Echse mehrere Meter weit wie mit einem Fallschirm von Baum zu Baum gleiten.

475. Antwort b) ist richtig. Wenn die Klapperschlange von einem Feind bedroht wird, erzeugt sie klappernde, rasselnde Geräusche mit der Rassel an ihrem Schwanzende, die aus losen Hornschildchen besteht.

476. Antwort c) ist richtig. Der Speichel dieser riesigen Echse enthält so viele Keime, dass die Opfer, die nach einem Biss noch fliehen können, schon bald danach an einer Blutvergiftung sterben. Dann werden sie vom Komodowaran aufgespürt und gefressen.

477. Antwort a) ist richtig. Der Gecko hält sich mit borstenreichen Lamellen am Fuß an winzigsten Unebenheiten der Wand fest, die unser Auge gar nicht mehr wahrnehmen kann. Selbst Glas ist noch so rau, dass er nicht abgleitet.

478. Antwort a) ist richtig. Wie ein Buntspecht klopft das Fingertier einen Baumstamm ab. Seine großen Ohren legt dieser Halbaffe dann an den Stamm und hört auf die Geräusche der unter der Rinde verborgenen Insektenlarven. Hat es eine ausgemacht, pult das Fingertier die Larve mit seinem dünnen langen Mittelfinger heraus.

479. Antwort b) ist richtig. Manchmal hängen die in den südamerikanischen Urwäldern heimischen Kapuzineraffen an ihrem Schwanz im Geäst. Meistens jedoch sichern sie sich mit ihm bei ihren ausgiebigen Streiftouren durch die Baumkronen ab, nutzen ihn als Balancierstange oder befördern mit ihm Stöcke oder Nahrung.

480. Antwort c) ist richtig. Bis zu 4 km legen Totenkopfaffen täglich zurück, um ihren Nahrungsbedarf zu decken. Sie ernähren sich von Früchten, Spinnen und Insekten. Dabei springen sie von Baum zu Baum.

481. Antwort b) ist richtig. Der Löwenkopfaffe gehört zu den kleinsten Affen der Erde. Sein Gewicht beträgt etwa 500 g. Der nah verwandte, halb so große Zwergseidenaffe kommt sogar nur auf ein Gewicht von rund 100 g — so viel wiegt eine Tafel Schokolade.

482. Antwort a) ist richtig. Die Nasenaffen aus den Urwäldern Borneos ernähren sich fast ausschließlich von Blättern. Weil diese in ihren Mägen gären, haben sie meist dick aufgeblasene Bäuche. Die Männchen tragen lange, gurkenförmige Nasen.

483. Antwort c) ist richtig. Die Hände des Gibbons ergreifen abwechselnd die Äste. Der gleichzeitig wie ein Pendel schwingende Körper erleichtert die Fortbewegung. Das nennt man Hangeln. Dabei kann ein Gibbon bis zu 10 m weit frei durch die Luft fliegen, bevor er mit seiner Hand wieder den nächsten Ast ergreift.

484. Antwort a) ist richtig. Orang-Utans bauen sich jeden Abend ein Schlafnest aus Ästen und Laub in einem Baum. Dazu wählen sie sich jedes Mal eine andere Stelle auf einer geeigneten Astgabel aus.

485. Antwort c) ist richtig. Das Gorillamännchen wird bis zu 275 kg schwer. Die deutlich kleineren Weibchen erreichen ein Gewicht von 60–100 kg.

486. Antwort c) ist richtig. Der Silberrücken ist mit seinem ergrauten Rückenfell der Chef einer Gorillagruppe. Er verschafft sich den Respekt der anderen Familienmitglieder durch Trommelschläge auf seine Brust.

487. Antwort a) ist richtig. Obwohl Gorillas mitten im Regenwald leben, halten sie sich hauptsächlich am Boden auf. Weil sie nicht schwimmen können, bewegen sie sich am Ufer von Gewässern sehr vorsichtig.

488. Antwort b) ist richtig. Der Jaguar ist mit einer Länge von 1,5 m und einem Gewicht von bis zu 180 kg die größte Großkatze im südamerikanischen Regenwald. Der geschickte Angler schlägt mit seinen Tatzen ins Wasser und schleudert Fische mit einem kräftigen Hieb an Land. Mühelos durchquert er auch sehr breite Flüsse.

489. Antwort a) ist richtig. Das gestreifte Fell tarnt den Tiger perfekt. Im starken Wechsel von Licht und Schatten im Dschungel fällt der Tiger nicht auf und kann sich unbemerkt an seine Beute heranschleichen.

490. Antwort b) ist richtig. Fünfmal besser als ein Mensch sieht der scheue Tiger im Dunkeln.

491. Antwort c) ist richtig. Die nur 10 cm große Vampirfledermaus lebt ausschließlich vom Blut der Säugetiere. Nachts schleicht sie sich an ihr schlafendes Opfer heran, beißt zu und leckt das aus der Wunde fließende Blut auf. Jährlich sind dies 25 l.

492. Antwort b) ist richtig. Wenn sich eine Vampirfledermaus nähert, stößt sie — wie alle Fledermäuse — hohe Ultraschalllaute aus, die wir Menschen nicht hören können. Hunde hingegen nehmen diese Laute wahr. Sogar wenn sie schlafen, wachen sie davon auf.

493. Antwort a) ist richtig. Die Königskobra ist die längste Giftschlange der Welt. Sie wird bis zu 5 m lang und lebt in den Dschungelwäldern von Süd- und Südostasien. Ihr Biss kann einen Menschen innerhalb von 15 Minuten töten, wenn kein Gegengift vorhanden ist. Jedes Jahr sterben in Asien über 100 Menschen an Bissen der Königskobra.

494. Antwort b) ist richtig. Mambas gehören zu den schnellsten Schlangen der Welt. In einer Stunde können sie sich 10 km weit fortbewegen. Die Schwarze Mamba ist die gefährlichste Schlange Afrikas.

495. Antwort a) ist richtig. Die Eier der Agakröte sind so giftig, dass der Genuss eines einzigen Eis zum Tod führt. Auch für Menschen sind die Agakröten-Eier sehr gefährlich, da sie mit Froscheiern verwechselt werden können, die in Asien als Delikatesse gelten.

496. Antwort c) ist richtig. Mangels ausreichend vorhandener Kleingewässer nehmen Pfeilgiftfrösche ihre frisch geschlüpften Kaulquappen Huckepack. Dort hält sie klebriger Schleim fest.

Panda, Panther & Papagei

497. Antwort a) ist richtig. Nur 3 g, so viel wie 3 Gummibärchen, wiegt ein Kolibri. Trotz seines geringen Gewichts ist er ein ausdauernder Flieger. So überquert der Rubinkehlkolibri den 800 km breiten Golf von Mexiko ohne Zwischenstopp.

498. Antwort c) ist richtig. Der Pandabär ist der seltenste Bär der Welt. Der gesamte frei lebende Bestand wird auf etwa 1.000 Tiere geschätzt. Besondere Schutzmaßnahmen sollen verhindern, dass es bald keinen dieser schwarzweißen Bären mehr auf der Erde gibt und diese Art ganz ausstirbt.

499. Antwort b) ist richtig. Der Pandabär ernährt sich hauptsächlich von Bambussprossen — daher heißt er auch Bambusbär. Er lebt in den nebeligen und feuchten Wäldern der zentralchinesischen Bergwelt.

500. Antwort b) ist richtig. Die Faultiere kriechen hilflos auf dem Boden herum und ziehen sich auf dem Bauch liegend mit den Armen zentimeterweise vorwärts. So schaffen sie nur eine Strecke von 250 m in der Stunde. Auf dem Baum hängen sie mit dem Körper nach unten in den Ästen und verschlafen oder verdösen 80 Prozent ihres Lebens.

501. Antwort c) ist richtig. Faultiere können ihren Kopf um 180 Grad bis auf den Rücken drehen. Außerdem sind sie hervorragende Schwimmer und retten sich ans Ufer, wenn sie von einem Baum ins Wasser gefallen sind.

502. Antwort a) ist richtig. Der in den tropischen Wäldern Mittel- und Südamerikas lebende Brüllaffe hat die lauteste Stimme aller Tiere. Er kann so laut brüllen, weil sein Kehlkopf ganz besonders gebaut ist. Mit seinem Gebrüll markiert er die Grenzen seines Reviers. Eindringlinge vertreibt er mit Astwürfen.

503. Antwort b) ist richtig. Die ausgebreiteten blau-gelb-schwarzen Flügel des weiblichen Königin-Alexandra-Vogelfalters messen 28 cm. Das Männchen ist kleiner, dafür aber viel bunter. Auch seine Raupe ist bunt: Auf ihrem schwarzen Körper mit dem großen gelben Fleck trägt sie große, rote Stacheln.

504. Antwort b) ist richtig. Die in Südamerika lebende Anakonda ist mit bis zu 9 m Länge und einem Gewicht von mehr als 200 kg die längste Schlange der Welt. Sie ist nicht giftig und erwürgt ihre Beute, die so groß wie ein Schwein sein kann.

505. Antwort c) ist richtig. Der in den feuchten Regenwäldern lebende größte Tausendfüßer der Welt ist 20 cm lang und besitzt insgesamt 680 Beine. Das entspricht 340 Beinpaaren — mehr sind es trotz seines Namens nicht!

506. Antwort a) ist richtig. Die Vogelspinne ist die größte Spinne der Welt. Sie wird über 10 cm groß. Ihr Biss ist für den Menschen so gefährlich wie ein Bienenstich.

507. Antwort a) ist richtig. Hummelelfen bauen die kleinsten Nester der Welt. Sie selber sind 2,5–4 cm groß und ihre Nester messen nur 4 cm im Durchmesser.

508. Antwort a) ist richtig. Die Schwarzen Panther leben im Regenwald des Amazonas.

509. Antwort c) ist richtig. Die Färbung des Chamäleons ändert sich je nach Stimmung des Tieres. Wenn es sich ängstigt oder aufgeregt ist, wird es rot.

510. Antwort b) ist richtig. Obwohl Gorillas sich mit ihren Rivalen stark prügeln, vermeiden sie es, sich gegenseitig zu verletzen.

511. Antwort c) ist richtig. Der Pfeilgiftfrosch legt seine Eier auf Blättern, in Baummulden oder auf Pflanzen mit Wasservorrat (wie Bromelien) ab.

512. Antwort a) ist richtig. Die Speikobra ist eine Giftschlange und kann ihrem Gegner aus einer Entfernung von bis zu 2 m zielsicher Gift in die Augen spritzen.

513. Antwort c) ist richtig. Die Nase des Nasenaffen ist so groß, dass er sie mit einer Hand zur Seite biegen muss, wenn er fressen will. Sie hängt über seinem Mund bis hinunter zum Kinn wie eine schlaffe Gurke.

514. Antwort b) ist richtig. Wenn die roten Federn des Turacus nass werden, verlieren sie ihre schöne Farbe. Der Vogel nimmt den roten Farbstoff aber wieder mit seiner Nahrung auf.

515. Antwort a) ist richtig. Auf dem langen Schwanz der Mutter schaukelt das junge Schuppentier bequem hin und her, wenn es mit seiner Mutter auf der Nahrungssuche umherzieht.

516. Antwort a) ist richtig. Die Eier des Paradiesvogels sind so bunt wie Ostereier.

517. Antwort b) ist richtig. Das vordere Körperdrittel und die Hinterbeine des Schabrackentapirs sind schwarz, der Rest des Körpers ist weiß. Es sieht aus, als würde es eine weiße Decke auf dem Rücken tragen.

518. Antwort c) ist richtig. Das Goldkrötenmännchen leuchtet in der Paarungszeit rot wie eine Ampel. Es fällt zwischen den grünen Blättern auf wie eine reife Kirsche im Kirschbaum.

519. Antwort c) ist richtig. Das Chamäleon besitzt eine sehr lange Zunge. Hat es ein Insekt erspäht, fixiert es die Beute mit beiden Augen, schleudert die Zunge blitzschnell nach vorne und fängt die Beute.

520. Antwort a) ist richtig. Der Beo ist weniger bekannt als der Papagei, lernt aber schneller und besser menschliche Stimmen nachzuahmen.

521. Antwort b) ist richtig. Die Gottesanbeterin ist rot, weil sie inmitten roter Orchideen lebt. So ist sie mit ihrer roten Farbe gut getarnt. Die anderen Arten der Gottesanbeterinnen, die in den Ländern rund ums Mittelmeer leben, sind grün gefärbt.

522. Antwort c) ist richtig. Der Magen des Ameisenbärs besitzt starke Muskeln und eine verhornte Magenwand. In ihm werden die hart gepanzerten Ameisen zerrieben. Der Ameisenbär kaut also sozusagen mit seinem Magen.

523. Antwort c) ist richtig. Nur einmal in der Woche steigt das Faultier von seinem Baum herunter, gräbt mit dem Schwanz ein kleines Loch in den Boden und verrichtet dort seine Notdurft.

524. Antwort a) ist richtig. Wenn die Vampirfledermaus hungrig heimkehrt, füttern sie ihre Artgenossen mit Blut.

Panda, Panther & Papagei

525. Antwort b) ist richtig. Das Neunbinden-Gürteltier bekommt stets vier Junge, die sich gleichen wie eineiige Zwillinge. Während der Entwicklung im Bauch der Mutter teilt sich das befruchtete Ei in Viertel. Aus jedem Viertel entwickelt sich ein Junges. Daher bringt eine Mutter auch entweder 4 männliche oder 4 weibliche Babys zur Welt.

526. Antwort a) ist richtig. Der Hoatzin ist ein Pflanzenfresser. Die Blätter, von denen er sich ernährt, bleiben bis zur Verdauung 2 Tage lang in seinem Magen. Dabei wird ein übler Geruch freigesetzt, der aus seinem Schnabel strömt.

527. Antwort c) ist richtig. Männliche Paradiesvögel machen akrobatische Kunststücke wie Saltos, Purzelbäume oder sie hängen kopfüber an Ästen und Zweigen, um den Weibchen zu imponieren. Diese sitzen hoch oben in den Zweigen, schauen gelassen zu und treffen in Ruhe ihre Wahl.

528. Antwort a) ist richtig. Wie der Urvogel Archäopteryx trägt auch der Hoatzin Krallen an seinen Flügeln. Mit ihnen kann er wie eine Katze den Baumstamm hinauf in die höchsten Kronen klettern, wo sich sein Nest befindet.

529. Antwort c) ist richtig. Dieser Affe mit dem Namen „Scharlachgesicht" wird rot wie eine Tomate, wenn er wütend ist oder sich von Feinden bedroht fühlt.

530. Antwort b) ist richtig. Einmal im Jahr, wenn die Tage kürzer werden und Vollmond ist, wandern alle Landkrabben der Weihnachtsinseln aus dem tropischen Regenwald ins Meer. Dort finden sich Männchen und Weibchen, paaren sich und legen ihre Eier ab.

Wunder Tier

531. Antwort b) ist richtig. Die grünliche Fellfarbe des Faultiers beruht auf den Blaugrünalgen, die in seinem Fell besonders während der Regenzeit wachsen. Dadurch ist es im grünen Laub der Bäume, wo es sich den ganzen Tag fast bewegungslos aufhält, gut getarnt.

532. Antwort a) ist richtig. Die Blattschneiderameise ernährt sich nicht von Blättern, sondern von Pilzen. Sie schneidet Stückchen aus den Blättern heraus und züchtet auf ihnen Pilze in ihrem Bau. Dort befinden sich richtige Pilzgärten, um die sich die Tiere eifrigst kümmern.

533. Antwort c) ist richtig. Die Zähne des Komodowarans, einer riesigen Echse, nutzen sich durch das stetige Zermahlen der Knochen seiner Opfer sehr schnell ab. Daher erneuern sie sich viermal jährlich.

534. Antwort b) ist richtig. Die Porzellanerde in ihrer südamerikanischen Heimat ist eine echte Medizin für die Aras. Haben sie giftige Körner gefressen, werden die aufgenommenen Gifte durch die Mineralien in der Erde neutralisiert. Außerdem beugt der Genuss der Erde Krankheiten vor.

535. Antwort c) ist richtig. Wie mit einer Pinzette packt der Tukan eine Beere mit seiner Schnabelspitze, wirft sie mit einer kleinen Kopfbewegung nach oben, öffnet seinen Schnabel und lässt sie ins Maul hineinfallen. Das sieht wie ein Kunststück aus!

536. Antwort c) ist richtig. Der Fliegende Hund ist eine große Fledermausart, die sich von den süßen Früchten tropischer Bäume ernährt. Sie orientiert sich in der dunklen Nacht nicht mit Ultraschalllauten wie die kleinen Fledermäuse, sondern mit ihren großen Augen.

Panda, Panther & Papagei

537. Antwort b) ist richtig. Beutetiere, die mit einem Gewicht von bis zu 750 kg viermal schwerer sind als er, kann der Jaguar überwältigen. Er jagt hauptsächlich nachts Tiere, die am Boden des tropischen Regenwaldes oder am Ufer von Gewässern leben.

538. Antwort a) ist richtig. Pekaris sehen ihren nahen Verwandten, den Wildschweinen, ähnlich. Auch sie suhlen sich gerne im Dreck — dann umgibt eine dicke Schlammschicht den Körper, der die Tiere vor Mücken schützt. Sie durchwühlen den Boden im Regenwald auf der Suche nach Früchten, Palmnüssen, Pflanzen, Spinnen und Insekten.

539. Antwort b) ist richtig. Tapire sind Huftiere, die aussehen wie kleine Teddybären mit Rüssel. Sie geben kurze Pfeiflaute von sich, um sich mit Artgenossen zu verständigen. Menschliche Jäger ahmen diese Laute nach und locken so die Tiere an.

540. Antwort c) ist richtig. Mit Geschwindigkeiten von über 30 km/h rasen die Gibbons über Äste und Lianen durch die Urwälder. Dabei holen sie mit den Hinterbeinen Schwung und greifen mit ihren langen Armen nach den Ästen. Sie sind die schnellsten Affen.

541. Antwort c) ist richtig. Nur alle 8–12 Jahre bringt ein Orang-Utan-Weibchen ein Junges zur Welt. Die Orang-Utans sind vom Aussterben bedroht, weil mehr Tiere sterben als geboren werden.

542. Antwort b) ist richtig. 1 m im Durchmesser messen die großen Radnetze der 15 cm großen Seidenspinne. Darin verfangen sich Schmetterlinge, Mücken und andere fliegende Insekten des tropischen Urwaldes. Für Menschen ist diese Spinne ungefährlich.

543. Antwort b) ist richtig. Die Hälfte aller bekannten Schmetterlingsarten der Welt lebt in den tropischen Urwäldern Amerikas. Sie gehören zu den buntesten und größten Faltern der Erde.

544. Antwort c) ist richtig. Den bis zu 70 cm großen Brüllaffen kann man 5 km weit hören. Sein Brüllen hört sich an wie eine Mischung aus Hundegebell und Eselsgeschrei.

545. Antwort a) ist richtig. Die Flügel des Indischen Blattschmetterlings sehen aus wie welke Blätter. So ist er gut getarnt und wird von manchem räuberischen Vogel nicht entdeckt.

546. Antwort c) ist richtig. Hummeln, die in den tropischen Regenwäldern riesig werden, greifen manchmal die viel kleineren Kolibris an. Die Hummeln fühlen sich durch die vor den Blüten stehenden Vögel bei der Nahrungssuche gestört und setzen sich zur Wehr.

547. Antwort a) ist richtig. Die scharfen Krallen der Harpyie sind bis zu 6 cm lang. Mit ihnen packt der Greifvogel Affen und Aras, die sich zu weit aus den Baumkronen des Dschungels herauswagen. Er kann sogar noch fliegen, wenn seine Beutetiere mehrere Kilogramm wiegen.

548. Antwort b) ist richtig. Diese Fledermäuse trennen Teile von großen Palmblättern durch, so dass sich das Blatt zusammenfaltet und ein schützendes Zeltdach bildet. Darunter verkriechen sich die Tiere am Tag und wenn es regnet.

549. Antwort c) ist richtig. Die ausgebreiteten Flügel des Riesenflughundes, einer Fledermausart, messen 170 cm. Bis zu 1,5 kg schwer werden diese Tiere, die den Tag über kopfüber in den Bäumen hängen.

550. Antwort b) ist richtig. Salzhaltige, feuchte Sand- und Erdflächen ziehen sehr viele Schmetterlinge an, besonders wenn sie in der Sonne liegen. Denn Schmetterlinge benötigen verschiedene Salze zum Leben, die in dem süßen Blütennektar nicht enthalten sind.

551. Antwort c) ist richtig. Eine für Vögel ungewöhnlich lange Zeit von 3 Monaten bleiben junge Aras in ihrer Bruthöhle, bevor sie sie verlassen. In dieser langen Zeit werden sie von ihren Eltern mit vorgekauten Früchten gefüttert.

552. Antwort a) ist richtig. Der Ameisenbär frisst täglich bis zu 200.000 Ameisen und Termiten – das entspricht etwa 700 g. Mit seiner langen, wurmförmigen, klebrigen Zunge angelt er sie aus dem Bau.

553. Antwort a) ist richtig. Mit seinen scharfen Zähnen öffnet das Aguti auch die härtesten Paranüsse. Deren Schalen sind so hart, dass auch Papageien sie nicht öffnen können. Hört ein Aguti den dumpfen Schlag, mit dem eine Paranuss aufschlägt, wenn sie vom Baum herunterfällt, eilt es sofort herbei.

554. Antwort b) ist richtig. Lange Zeit dachte man, dass alle Bienen sich ausschließlich von Nektar und Blütenstaub ernähren. Die Fleisch fressenden Bienen Südamerikas aber ernähren sich vom Fleisch toter Tiere.

Wunder Tier

555. Antwort a) ist richtig. Das kleinste Huftier der Welt ist das Kleinstböckchen. Das nur kaninchengroße Tier lebt in den Regenwäldern Afrikas. Dort wird es häufig Opfer der 10 m langen Pythonschlange.

556. Antwort c) ist richtig. Obwohl ihm der lange Giraffenhals fehlt, ist das Okapi nah mit der Giraffe verwandt. Das schwarz-weiße Ringelmuster an seinen Beinen ahmt das Lichtspiel von Zweigen und Blättern nach und tarnt das Tier perfekt im Dämmerlicht des Dschungels.

557. Antwort a) ist richtig. Der Indische Elefant ist der größte Bewohner asiatischer Regenwälder. Dieser kleinere Verwandte des Afrikanischen Elefanten frisst Blätter und Früchte. Menschen richten ihn ab, damit er ihnen bei der harten Arbeit im Wald hilft.

558. Antwort b) ist richtig. Die Einheimischen nannten diesen größten Menschenaffen asiatischer Wälder „Waldmensch". Er frisst gerne frische Blätter, zarte Blüten und frische Früchte ganz spezieller Bäume, die er auf seinen Wanderungen durch den Urwald immer wieder besucht.

559. Antwort c) ist richtig. Alle Haushühner, ob groß oder klein, weiß oder bunt, stammen vom asiatischen Bankiva-Huhn ab. Dieses Waldhuhn sucht am Boden des Regenwaldes nach Insekten.

560. Antwort a) ist richtig. Der Flugfrosch kann seine Finger und Zehen weit abspreizen und mit den dazwischen ausgespannten Schwimmhäuten von einem Baum zum anderen segeln. So entkommt er rasch seinen Feinden.

561. Antwort c) ist richtig. Mit seinen fein gefächerten riesigen Fühlern kann das Männchen des Kometenschweifs ein Weibchen riechen, selbst wenn es mehrere Kilometer entfernt ist. Das können auch einige bei uns heimische Nachtfalterarten.

562. Antwort b) ist richtig. Nach dem Genuss der giftigen Blätter bauen einige Insekten die darin enthaltenen Gifte in ihrem Körper ein und werden selbst giftig. Das schützt sie davor, gefressen zu werden.

563. Antwort c) ist richtig. Mit den an den Orchideenblüten gesammelten Duftstoffen locken die männlichen Prachtbienen Weibchen an.

564. Antwort b) ist richtig. Termiten können Holz verdauen. Sie zersetzen durch ihre Tätigkeit rasch tote Äste und Stämme. Hoch in den Bäumen bauen sie ihre großen Nester.

565. Antwort a) ist richtig. In einem endlos langen Band ziehen Heere aus Millionen von Treiberameisen durch den Regenwald. Keine Beute ist ihnen zu groß oder zu gefährlich. Sie vertilgen alles, was ihnen in den Weg kommt, bei lebendigem Leib — selbst vor Vogelspinnen, kleinen Säugetieren, Schlangen und Echsen schrecken sie nicht zurück.

566. Antwort c) ist richtig. Das Fingertier oder Aye-Aye ist ein Verwandter von Lemuren und Affen. Weil es junge Kokosnüsse auf dem Baum öffnet und das weiche Fruchtfleisch frisst, wird es nicht gern in Kokosplantagen gesehen.

Wunder Tier

567. Antwort a) ist richtig. Der Hirscheber mit den gewaltig langen Eckzähnen kann ausgezeichnet schwimmen. Er überquert sogar das Meer, um zu einer benachbarten Insel zu gelangen.

568. Antwort b) ist richtig. Die Haut des Glasfroschs ist grünlich durchscheinend, ähnlich wie bei einem Gummibärchen. So kannst du seinen Magen, die Adern und das schlagende Herz sehen. Mit einer Länge von 2—3 cm gehört er zu den kleinsten Fröschen der Welt.

569. Antwort c) ist richtig. Vorsichtig nähert sich der nachtaktive Schlanklori mit seinen riesigen Augen einem Insekt, einem kleinen Vogel oder einer Eidechse. Ist er nah genug dran, schnappt er mit beiden Händen rasch zu und verspeist seine Beute.

570. Antwort a) ist richtig. Mit seinem hornigen Panzerhemd, das wie bei einem Fisch schuppenförmig ineinander greift, erinnert das Schuppentier an einen Tannenzapfen. Wird es angegriffen, rollt es sich kugelförmig zusammen und ist bestens durch die scharfen Kanten der einzelnen Hornschuppen geschützt.

571. Antwort c) ist richtig. Am Boden des Regenwaldes geht das Riesenschuppentier auf Suche nach Ameisen und Termiten. Seine 40 cm lange Zunge windet sich wie eine Schlange durch die Gänge der Baue und die Insekten bleiben daran kleben. Seine Schuppen dienen ihm dazu, die Schnauze angreifender Tiere zu verletzen.

572. Antwort a) ist richtig. Im Nacken des afrikanischen Pottos bilden 4 Wirbel spitze Auswüchse durch die Haut hindurch. Mit ihnen befestigt er sich wie mit 4 Haken nachts an der Baumrinde.

573. Antwort c) ist richtig. Diese bis zu 30 cm große Krabbe klettert auf Palmen und schneidet die Kokosnüsse ab. Dann öffnet sie mit ihren kräftigen Scheren die harten Nüsse und frisst das weiche Innere auf.

574. Antwort b) ist richtig. Amazonasameisen überfallen fremde Ameisenvölker, rauben dort die Puppen und bringen sie in ihr eigenes Nest. Die aus diesen Puppen schlüpfenden Arbeiterinnen müssen die Arbeit in dem fremden Staat erledigen.

575. Antwort a) ist richtig. Viele Kriechtiere außer den Krokodilen, aber auch zahlreiche Fische, Frösche und Salamander besitzen auf der Stirn ein drittes Auge. Mit ihm können die Tiere hell und dunkel erkennen.

576. Antwort c) ist richtig. Die Bruthügel der asiatischen Buschhühner bestehen aus Erde und Laub können bis zu 3 m hoch und 9 m breit werden. Im Innern werden von der entstehenden Wärme bei der Verrottung die Eier ausgebrütet. Damit es nicht zu heiß oder kalt wird, kontrolliert der Buschhahn die richtige Temperatur mit seinem Schnabel.

577. Antwort a) ist richtig. Bei Gefahr erheben sich diese 30 cm langen Kriechtiere mit dem 50 cm langen Schwanz auf ihre Hinterbeine und fliehen mit großen Schritten. Auf diese Weise können sie sogar übers Wasser laufen.

578. Antwort c) ist richtig. Das Doppelte seines Körpergewichts an Blütennektar muss ein Kolibri täglich zu sich nehmen, sonst verhungert er. Um Energie zu sparen, senkt er nachts seine Körpertemperatur auf 8–10 Grad ab.

579. Antwort b) ist richtig. Das Wasserschwein ist mit 1,3 m Körperlänge das größte Nagetier der Welt. Im Regenwald hält es sich in der Nähe von Gewässern auf, frisst Wasserpflanzen und kann gut schwimmen.

580. Antwort b) ist richtig. Bis zu 18 cm lang sind die Nasen der männlichen Nasenaffen. Die Babys haben noch süße Stupsnasen.

581. Antwort a) ist richtig. Die Weibchen der Wabenkröte tragen die Eier in Vertiefungen auf ihrer Rückenhaut. Darin entwickeln sich auch die Kaulquappen, die als fertige kleine Kröten die lochartigen Vertiefungen verlassen. Dann sieht das Muttertier wie ein löchriger Käse aus.

582. Antwort b) ist richtig. Bis zu 40 g wiegt der in den Regenwäldern Afrikas heimische Goliathkäfer. Der ungefähr 13 cm lange Käfer ist das schwerste Insekt, das noch fliegen kann. Auch die Larven des Goliathkäfers sind mit einer Länge von 15 cm schon riesig.

583. Antwort c) ist richtig. Der Helmkasuar ist ein aggressiver, großer Vogel, der auf Neuguinea heimisch ist. Man nimmt an, dass er sich mit seinem großen Knochenwulst auf der Suche nach herabgefallenen Früchten einen Weg durch das dichte Unterholz bahnt. Er kann nicht fliegen und greift jeden an, der in seine Nähe kommt.

584. Antwort b) ist richtig. Bei Sonnenaufgang verlässt die ganze Gruppe Arapapageien ihren Schlafbaum und fliegt kreischend zu den Futterbäumen. Dort fressen sie den ganzen Tag Samen, Früchte und Blätter und kehren abends zu ihren Schlafplätzen zurück.

585. Antwort a) ist richtig. Der Blaustirnsittich hängt sich kopfüber an einen Ast, wenn er schläft. Mit seinen Krallen hält sich dieser Hängepapagei gut fest und stürzt nicht ab.

586. Antwort c) ist richtig. Nachdem das Weibchen seine Eier in eine Baumhöhle gelegt hat, verschließt der männliche Nashornvogel die Öffnung. Er lässt nur noch einen kleinen Spalt frei, durch den es zunächst das Weibchen, später auch die Jungen füttert.

587. Antwort b) ist richtig. Beim Nestbau pressen einige erwachsene Weberameisen die Blattränder mit ihren Mundwerkzeugen und Beinen eng aneinander, während andere die Larven daran halten. Wenn die Larven gedrückt werden, scheiden sie einen klebrigen Seidenfaden aus, der die Blattränder zusammenklebt.

588. Antwort b) ist richtig. In dem feuchten Klima der tropischen Regenwälder leben Blutegel auch außerhalb des Wassers. Sie stürzen sich rasch auf jedes Wirbeltier – auch auf den Menschen –, das sich ihnen nähert, und versuchen Blut zu saugen.

589. Antwort a) ist richtig. Die ungiftige Paradiesbaumnatter kann ihren sonst runden Körper sehr stark abflachen und die Bauchseite nach innen wölben. Auf diese Weise führt sie kurze Gleitflüge von einem Baum zum anderen aus.

590. Antwort b) ist richtig. Aus dem Stand kann ein Schimpanse über bis zu 2,5 m breite Wasserlöcher oder Gräben springen. Dazu beugt er wie ein Mensch die Knie, holt mit den langen Armen Schwung und springt vorwärts.

591. Antwort a) ist richtig. Mit einer Schulterhöhe von bis zu 4 m und einem Gewicht von 6 t — so viel wiegen 6 Autos — ist der Afrikanische Elefant das größte heute lebende Landsäugetier der Welt. Er kann in freier Wildbahn bis zu 70 Jahre alt werden. Der Indische Elefant bleibt mit einer maximalen Schulterhöhe von 3 m deutlich kleiner.

592. Antwort b) ist richtig. Die Stoßzähne der Elefanten bestehen aus Elfenbein. Weil Elfenbein sehr begehrt ist, wurden Elefanten lange Zeit gejagt. Heute sorgen Schutzgebiete für ihre Sicherheit.

593. Antwort c) ist richtig. Der Afrikanische Elefant hat größere Ohren als der Indische Elefant.

594. Antwort a) ist richtig. Die Giraffe hat genauso viele Halswirbel wie der Mensch, nur sind die Giraffenwirbel länger. Denn alle Säugetiere — ob kleine Maus oder großer Elefant — besitzen 7 Halswirbel.

595. Antwort b) ist richtig. Die Giraffe ist das höchste Landsäugetier. Männchen werden bis zu 6 m, Giraffenweibchen bis zu 4,5 m hoch. Mindestens 12 Stunden am Tag verbringen sie mit dem Fressen von Blättern, die sie in bis zu 6 m hohen Baumkronen abrupfen.

596. Antwort b) ist richtig. In den Höckern der Kamele ist Fett gespeichert. Mit diesem Vorrat können sie bis zu 10 Tage lang ohne Nahrung durch die Wüste laufen. Denn wenn der Körper das Fett abbaut, wird Energie und Wasser frei.

597. Antwort c) ist richtig. Der Gepard ist das schnellste Landsäugetier der Erde. Auf Kurzstrecken erreicht er Spitzengeschwindigkeiten von bis zu 120 km/h.

598. Antwort b) ist richtig. Der Luchs kann sehr gut hören. Seine Haarbüschel an den Ohren fangen die feinsten Geräusche aus einer Entfernung von bis zu 1 km auf.

599. Antwort c) ist richtig. Das Känguru ist ein Beuteltier: Nach kurzer Tragzeit wird das nur 3 cm große Junge geboren. Es krabbelt selbstständig in den Beutel der Mutter und saugt sich dort an einer Zitze fest, um zu trinken. Erst nach etwa 230 Tagen verlässt es den Beutel. Zum Trinken oder bei Gefahr kehrt es noch eine Zeit lang in den Beutel zurück.

600. Antwort a) ist richtig. Mit seinem langen Schwanz balanciert und steuert das Känguru beim Springen. Bis zu 10 m weit und 3 m hoch sind seine Sprünge — weiter schafft es kein anderes Beuteltier. Außerdem nutzt es den kräftigen Schwanz wie einen Stuhl beim Sitzen.

601. Antwort a) ist richtig. Der Strauß ist der größte Vogel der Erde, er kann aber nicht fliegen. Er lebt in Afrika. Auf den anderen Kontinenten leben auch große Laufvögel: der Emu in Australien, der Kasuar in Borneo und der Nandu in Südamerika — alle sind deutlich kleiner.

602. Antwort c) ist richtig. Ein Straußenei wiegt mit etwa 1,5 kg so viel wie 75 Hühnereier! Seine Schale ist bis zu 1 cm dick und ein Mensch kann sich auf ein rohes Straußenei stellen, ohne dass es zerbricht. Etwa 40 Minuten lang muss das Ei kochen, um weich zu werden.

603. Antwort c) ist richtig. Der Strauß kann bis zu 65 km/h schnell rennen. Diese Geschwindigkeit erreicht er vor allem auf der Flucht vor Feinden dank seiner kräftigen Bein- und Fußmuskeln.

604. Antwort b) ist richtig. Der Löwe brüllt so laut, dass man ihn noch in 8 km Entfernung hört. Das liegt auch daran, dass sein Brüllen aus tiefen Tönen besteht, die in der Luft eine wesentlich größere Reichweite haben als hohe, schrille Laute.

605. Antwort c) ist richtig. Steppenschildkröten fressen Vogelkot, Tierknochen und Mergel, um genügend Kalk für die Bildung von Knochen aufzunehmen. Schildkröten sind eine sehr alte Gruppe von Kriechtieren, die schon vor über 230 Millionen Jahren lebten – damals lebten auch die ersten Dinosaurier.

606. Antwort b) ist richtig. 1 Minute braucht die Riesenschildkröte für die Strecke von 5 m. Stopp einmal mit einer Stoppuhr, wie lange du für diese Strecke brauchst, wenn du ganz normal gehst, wenn du rennst oder wenn du auf allen vieren krabbelst.

607. Antwort a) ist richtig. Termiten leben wie Ameisen in einem Staat, der aus einer Eier legenden Königin und vielen Arbeitern und Soldaten besteht. In solch einem Staat können bis zu 10 Millionen Tiere leben – in einem Ameisenbau leben 1 Million Tiere.

608. Antwort c) ist richtig. Bis zu 6 m hoch werden die Bauten der Termiten aus einem Gemisch aus Sand, Speichel, Holz und Kot. In diesen festen Burgen gibt es unzählige Kammern, Räume und Gänge. Ein eigenes Lüftungssystem sorgt stets für frische Luft in der Hitze der Savanne. Manche haben ein gebogenes Dach, an dem der Regen abläuft.

Echse, Erdferkel & Elefant

609. Antwort c) ist richtig. Die Termitenkönigin lebt im Innern des Termitenbaus und wird von den Arbeiterinnen mit Nahrung versorgt. Sie legt jeden Tag bis zu 36.000 Eier. Deshalb ist ihr Hinterleib vor lauter Eiern dick angeschwollen.

610. Antwort a) ist richtig. Gerunukus, auch Giraffengazellen genannt, stellen sich auf die Hinterbeine, um an die zarten Blätter und Knospen in dn Baumkronen zu gelangen. Sie müssen kein Wasser trinken, denn ihnen reicht die Feuchtigkeit in ihrer Nahrung.

611. Antwort c) ist richtig. Löwen sind die einzigen Großkatzen, die in Rudeln leben. Bis zu 30 Löwinnen, Löwen und Junge leben in dieser Gruppe zusammen, die vom stärksten Männchen angeführt wird.

612. Antwort a) ist richtig. Mit ihren kräftigen Scheren packen Skorpione ihre Beute. Der giftige Stachel am Schwanzende dient zur Verteidigung, wenn sie sich bedroht fühlen oder angegriffen werden.

613. Antwort c) ist richtig. Schlangen sind taub. Aber sie nehmen kleinste Erschütterungen des Bodens wahr, zum Beispiel wenn sich jemand nähert. Zudem können sie warme Tier- und Menschenkörper von kühlen Bäumen unterscheiden.

614. Antwort b) ist richtig. Die Stacheln auf dem Rücken des Stachelschweins werden bis zu 40 cm lang. Kommt dem Tier ein Feind zu nah, bohren sich die Stacheln in sein Maul und seine Haut. Das schmerzt, weil die Stacheln mit Widerhaken besetzt sind.

615. Antwort b) ist richtig. Obwohl es völlig anders aussieht, gehört das Stachelschwein der riesigen Gruppe der Nagetiere an und ist nah mit dem Meerschweinchen verwandt. Alle Nagetiere — dazu gehören auch Mäuse, Ratten, Eichhörnchen und Siebenschläfer — haben Schneidezähne, die bis ans Lebensende weiter wachsen.

616. Antwort b) ist richtig. Die kleinen Räuber mit der langen Schnauze sind die einzigen Tiere in der Gruppe der Insektenfresser — dazu gehören auch Igel und Spitzmäuse —, die einen sehr giftigen Speichel haben. Für die erbeuteten Insekten und Spinnen ist das Gift tödlich. Wird ein Mensch gebissen, entzündet sich die Wunde und verheilt nur sehr schwer. Kämpfen zwei Schlitzrüssler gegeneinander, können sie sich mit ihren Bissen gegenseitig umbringen.

617. Antwort a) ist richtig. Die nordamerikanische Krustenechse, die einzige giftige Echse, besitzt im Unterkiefer Giftzähne. Wenn sie zubeißt, tritt das Gift in die Wunde des Gebissenen ein. Es tötet innerhalb von 2 Minuten kleine Säugetiere. Auch für Menschen kann ein Biss gefährlich werden.

618. Antwort a) ist richtig. Der schwarz-rote Körper der Schwarzen Witwe ist etwa erbsengroß. Ihr Biss setzt ein gefährliches Nervengift frei, das bei Menschen zu lebensbedrohenden Lähmungen führen kann.

619. Antwort b) ist richtig. Nur die weibliche Schwarze Witwe ist giftig, das Männchen ist völlig ungefährlich. Diese Spinnenart kommt zu ihrem Namen, weil das Weibchen meist direkt nach der Paarung das Männchen auffrisst. Schwarze Witwen leben in allen warmen Ländern und auch in den Ländern rund ums Mittelmeer.

Echse, Erdferkel & Elefant

620. Antwort b) ist richtig. Die Kragenechse, die normalerweise auf allen vieren unterwegs ist, richtet sich auf ihren Hinterbeinen auf und spurtet davon. Der lange peitschenartige Schwanz hilft ihr dabei, das Gleichgewicht zu halten.

621. Antwort c) ist richtig. Das Pavianjunge reitet auf dem Rücken der Mutter. Bei der Nahrungssuche legen diese Affen täglich bis zu 20 km in der afrikanischen Steppe zurück.

622. Antwort b) ist richtig. Neben Früchten, Blättern, Nüssen und Termiten erbeuten sich Schimpansen gelegentlich kleinere Affen und andere Kleinsäuger und verzehren deren Fleisch.

623. Antwort c) ist richtig. Ein Kamel kann über 100 Tage ohne Wasser auskommen, denn sein Körper geht sehr sparsam mit Wasser um.

624. Antwort a) ist richtig. Die Giraffe hat das größte Herz der Landtiere. Weil der Kopf so weit oben sitzt, muss das muskulöse, kräftige Herz das Blut sehr hoch pumpen. Wenn die Giraffe trinken will und ihren Kopf zum Wasser nach unten senkt, sorgen Klappen in den Adern dafür, dass das Blut dem Tier nicht wie ein Wasserfall ins Gehirn schießt.

625. Antwort b) ist richtig. Hyänen, Schakale und Geier sind Aasfresser. Von den toten Tieren bleiben nur die Knochen übrig. So können sich keine Krankheiten von den verwesenden Tierkörpern ausbreiten.

626. Antwort a) ist richtig. Das zweihöckerige Kamel heißt Trampeltier, das einhöckerige hingegen Dromedar. Beide sind in den Steppen und Wüsten Afrikas und Asiens zu Hause. In Südamerika leben auch Kamele: das Vikunja, das Guanako, das Lama und das Alpaka.

627. Antwort b) ist richtig. Die Eierschlange verschluckt das ganze Ei und zerquetscht dann die Schale. Den Inhalt des Eis schluckt sie hinunter, die leere Schale würgt sie wieder heraus. Für ein Ei, das viermal so groß ist wie ihr Kopf, braucht sie 20 Minuten.

628. Antwort a) ist richtig. Kamele haben nur zwei Zehen an jedem Fuß. Die gebogenen Zehennägel aus Horn schützen die Füße beim Laufen, denn so berührt die Haut nicht den heißen Boden.

629. Antwort c) ist richtig. Wie alle Großkatzen hebt der Leopard Nahrungsreste für den nächsten Tag auf. Er schleppt sie auf einen Baum und schützt so seine Nahrung vor räuberischen Schakalen und Hyänen.

630. Antwort b) ist richtig. Die Termite hat in ihrem Unterleib ein Sekret, das an der Luft klebrig wird und sowohl Angreifer als auch Verteidiger bewegungsunfähig macht. Die Termite überlebt selber die Absonderung dieses Sekrets nicht. Sie opfert sich, um den Feind abzuwehren.

631. Antwort a) ist richtig. Wenn der Schmutzgeier ein verlassenes Straußenei findet, ergreift er mit seinem Schnabel einen in der Nähe liegenden Stein, trägt ihn zum Ei und wirft ihn so lange gezielt darauf, bis das Ei zerbricht.

632. Antwort c) ist richtig. Der Präriehund lebt in Kolonien in den großen Steppenebenen Nordamerikas. Seine unterirdischen Baue sind sehr kompliziert, weisen unzählige Kammern, Höhlen und endlose Gänge auf. Sie erreichen manchmal sogar die Größe von Städten.

633. Antwort b) ist richtig. Mit ihren großen Ohren können Elefanten sehr gut hören. Sie nehmen die bellenden, schnaufenden, brüllenden und sehr tiefen Töne von Artgenossen wahr, die bis zu 8 km weit entfernt sind. Wenn ein Elefant mit seinen Ohren wedelt, kühlt sich das Blut in den Ohren ab.

634. Antwort b) ist richtig. Das blaue Männchen des australischen Seidenlaubenvogels zerkaut blaue Beeren und verteilt das Fruchtfleisch mit seinem Schnabel im Innern der aus Zweigen gebauten Laube. So lockt er ein Weibchen mit dessen Lieblingsfarbe Blau an.

635. Antwort a) ist richtig. Nach der Paarung fressen die Weibchen der Schwarzen Witwe, der Gottesanbeterin und der Wüstenskorpione die Männchen auf, wenn diese nicht schnell genug fliehen können. So haben sie gleich eine kräftigende Mahlzeit, die ihnen genügend Nährstoffe für die Produktion der Eier gibt.

636. Antwort b) ist richtig. Der Schutzschild der Schildkröte besteht aus Knochen und bildet einen Panzer, der an den Seiten und auf dem Rückenwirbel angewachsen ist. Bei Gefahr zieht sie ihren Kopf und ihre Beine einfach ein und ist im Panzer geschützt.

637. Antwort c) ist richtig. Will der Wachtelkönig mit einem Konzert Weibchen anlocken oder Rivalen kundtun, dass dieses Revier besetzt ist, baut er einen kleinen Hügel von einigen Zentimetern Höhe. Dieser dient ihm als seine Bühne. Besonders nachts bekommt er so größere Aufmerksamkeit, als wenn er auf dem Boden singen würde.

638. Antwort b) ist richtig. Die weiblichen Indischen Elefanten haben keine Stoßzähne. Bei den Afrikanischen Elefanten tragen sowohl Männchen als auch Weibchen kräftige Stoßzähne.

639. Antwort a) ist richtig. Einige Echsen Nordamerikas spritzen Blut aus ihren Augen. Der Blutstrahl ist nicht giftig und dient nur dazu, Feinde abzuschrecken und zu vertreiben.

640. Antwort b) ist richtig. Die Wände des Giraffenherzes sind bis zu 8 cm dick. Es wiegt bis zu 10 kg und muss etwa 60 l Blut in der Minute hoch in den Kopf und runter in die Füße pumpen.

641. Antwort c) ist richtig. Der Löwe wird als der „König der Tiere" bezeichnet. Er ist der uneingeschränkte Chef seines Rudels und als Fleischfresser Endglied der Nahrungskette in der Savanne. Mit seiner Mähne wirkt er auch sehr majestätisch.

642. Antwort c) ist richtig. Einige afrikanische Webervögel, Verwandte der bei uns heimischen Spatzen, leben in riesigen Gemeinschaftsnestern. Jedes Vogelpaar hat darin jedoch seine eigene kleine Nestwohnung.

643. Antwort a) ist richtig. Der Bartgeier ernährt sich hauptsächlich von Knochen. Er ist das letzte Glied in der Nahrungskette, denn er frisst das, was die anderen Aasfresser von einem Tierkadaver übrig lassen.

644. Antwort b) ist richtig. Die in tropischen Savannen lebenden Tsetsefliegen übertragen die Schlafkrankheit, wenn sie ein Tier oder einen Menschen stechen, um deren Blut zu saugen.

Echse, Erdferkel & Elefant

645. Antwort c) ist richtig. Die Hörner der Antilopen bestehen aus einem Knochenkern, der mit Horn überzogen ist. Sie wachsen jedes Jahr ein bisschen und werden immer größer. Auch die Weibchen tragen Hörner, die meist etwas kleiner als die männlichen Hörner sind.

646. Antwort c) ist richtig. Die Finger- und Fußnägel bestehen aus Horn, genau wie die Hufe von Antilopen, Rindern, Schafen, Ziegen und Pferden.

647. Antwort b) ist richtig. Springböcke sind kleine Gazellen, die in trockeneren Steppen Südafrikas leben. Auf der Flucht vor Raubtieren springen sie bis zu 3 m hoch in die Luft und irritieren dadurch ihre Verfolger.

648. Antwort b) ist richtig. Antilopen sind mit Rindern, Schafen und Ziegen verwandt, denn alle sind Paarhufer. Im weichen Schlamm am Ufer von Flüssen und Seen hinterlassen ihre Füße Abdrücke, die deutlich je 2 Hufe zeigen. Wegen der paarigen Hufe an 2 Zehen heißt diese Tiergruppe Paarhufer.

649. Antwort a) ist richtig. Warzenschweine tragen typische große Hauer und kräftige, warzenartige Höcker in ihrem Gesicht. Sie fressen Gras und Früchte und graben Knollen und Wurzeln aus. In großen Familien suchen sie nachts Schutz in grasgepolsterten Felshöhlen oder alten Tierbauten.

650. Antwort b) ist richtig. In der Savanne ist es oft so heiß, dass die Luft flirrt. Dann verwischen die schwarzen und weißen Streifen die Körperumrisse der Zebras und sie sind kaum zu erkennen.

Wunder Tier

651. Antwort c) ist richtig. Viele Herdentiere leben gern mit Straußen zusammen. Denn diese sind groß und erkennen feindliche Raubtiere oft schon aus sehr großer Entfernung. Dann sind die Antilopen und Zebras gewarnt und können fliehen.

652. Antwort b) ist richtig. Giraffen reißen mit ihrer bis zu 45 cm langen Zunge und den dicken, haarigen Lippen die Blätter von den Zweigen. Die langen Stacheln der Akazienbäume machen den Tieren nichts aus, vorsichtig rupfen sie einfach die Blätter rundherum ab.

653. Antwort c) ist richtig. Elefanten füllen ihren Magen täglich mit bis zu 150 kg Blättern, Früchten und Gräsern. Mit dem Rüssel nehmen die Elefanten die Nahrung auf und stecken sie sich in ihr Maul. Manchmal werfen sie einfach einen Baum um, um an dessen Blätter zu gelangen.

654. Antwort b) ist richtig. Der Präriehund ist ein Nagetier. Eichhörnchen, Präriehund und auch das Murmeltier der europäischen Alpen gehören zu der Tiergruppe der Hörnchen.

655. Antwort a) ist richtig. Der Honigdachs folgt dem Gesang des Honiganzeigers, eines kleinen Vogels, und findet so einen Bienenstock. Der Dachs reißt den Bienenstock auf — und beide finden Nahrung: Der Dachs genießt den Honig, der Vogel das Bienenwachs. Gegen die Bienenstiche schützt den Dachs sein dichtes Fell.

656. Antwort a) ist richtig. Geparde schleichen sich so nah wie möglich an eine Gazelle heran. Dann stürmen sie los. Erreichen sie ihre Beute nicht nach 1 Minute, geben sie die Jagd auf. Nach jedem Spurt ruhen sich Geparde 30 Minuten aus, um zu neuen Kräften zu kommen.

Echse, Erdferkel & Elefant

657. Antwort b) ist richtig. Einige der Arbeiterinnen der Honigtopfameisen fressen so viel Nektar, dass ihr Leib zu einer kleinen Kugel anschwillt. Sie hängen sich an die Decke des Nestes und sind lebende Vorratsbehälter für ihr Volk.

658. Antwort a) ist richtig. Anders als in einem Ameisen- oder Bienenstaat gibt es bei den Termiten neben der Königin einen König. Die beiden leben tief unten im Nest. Der König ist größer als die Arbeiterinnen, aber deutlich kleiner als die Königin.

659. Antwort b) ist richtig. Bis zu 20 cm lang wird das Gehäuse der Afrikanischen Riesenschnecke – das ist so lang wie eine Banane. Sie ernährt sich von Pflanzen, Früchten und toten Tieren.

660. Antwort c) ist richtig. Die harmlose Eidechse streckt zur Abwehr von Angreifern ihre knallblaue Zunge heraus.

661. Antwort c) ist richtig. Ein Straußen-Hahn lebt mit 4–6 Hennen zusammen. Diese legen zusammen bis zu 20 riesige Eier. Hahn und Hennen brüten abwechselnd die Eier aus. Wenn Eier am Rand des Nests liegen, kühlen sie aus und daraus schlüpfen keine Küken.

662. Antwort b) ist richtig. Insekten, die in Staaten leben wie Termiten, können alleine nicht überleben. Wenn sich eine Termite verirrt und nicht mehr zu ihrem Bau zurückfindet, stirbt sie bald.

Wunder Tier

663. Antwort c) ist richtig. Die Löwenmännchen schlafen etwa 22 Stunden am Tag. Jeder Löwe ist Chef eines Rudels mit mehreren Weibchen, die auf die Jagd gehen und das Männchen und ihre Jungen mit Fleischnahrung versorgen.

664. Antwort a) ist richtig. Koalas trinken nie. Sie nehmen ihren täglichen Bedarf an Flüssigkeiten nur über die Blätternahrung auf, die sie fressen.

665. Antwort c) ist richtig. Die Schwärme der Wanderheuschrecken können aus Milliarden von Insekten bestehen. Wenn sie über ein Gebiet herfallen, verdunkelt sich der Himmel vor lauter Tieren. Sie fressen alles, was ihnen vor die Mundwerkzeuge kommt, und hinterlassen eine kahle Landschaft.

666. Antwort b) ist richtig. Koalas fressen nichts anderes als Eukalyptusblätter und riechen daher wie diese — nämlich wie ein Hustenbonbon.

667. Antwort b) ist richtig. Bis zu 400 Bienen fängt ein Bienenfresser an einem Tag in der Luft. Gern sitzt er auf dem Rücken der Riesentrappe, einer an Land lebenden Krabbe, die beim Schreiten durchs hohe Gras viele Insekten aufscheucht.

668. Antwort b) ist richtig. Madenhacker klammern sich mit ihren scharfen, starken Zehen im Fell von Büffeln und Zebras fest. Sie picken die Maden aus der Haut und befreien so die Tiere von lästigen Parasiten. Sieht ein Madenhacker einen Löwen, warnt er mit lauten Rufen.

Echse, Erdferkel & Elefant

669. Antwort a) ist richtig. Gazellen, Gnus, Zebras, Büffel, Topis und andere Wildtiere weiden in der Regenzeit auf den Grasebenen im Süden der Serengeti. In der Trockenzeit begeben sie sich zu den Flüssen und Wasserstellen im Norden dieser Savanne.

670. Antwort b) ist richtig. Krokodile lauern unter Wasser auf unvorsichtige Gazellen, Antilopen, Zebras und andere Wildtiere. Wagt sich ein Tier nah genug heran, schnellt das Krokodil aus dem Wasser und schnappt zu. Auch Löwen und Leoparden legen sich — versteckt im ufernahen Gebüsch — auf die Lauer nach Beute.

671. Antwort c) ist richtig. 30—40 l Wasser muss ein Kaffernbüffel täglich trinken. Vorsichtig schlürft er das Wasser von der Oberfläche, wenn der Fluss sehr schlammig ist. Besonders in den kühlen Morgen- und Abendstunden treffen sich große Herden von Büffeln an den Tränken.

672. Antwort a) ist richtig. Gnubabys kommen zu Beginn der Regenzeit auf die Welt. Schon 5 Minuten nach der Geburt können sie stehen und nach 15 Minuten folgen sie ihrer Mutter und der Herde überallhin.

673. Antwort b) ist richtig. Geier kreisen den ganzen Tag über der Steppe auf der Suche nach Tierkadavern. Auch Hyänen, Schakale und Marabus — das sind große Storchenvögel — machen sich gerne über Tierkadaver her und reißen große Fleischbrocken aus dem Leib.

674. Antwort b) ist richtig. Die Hörner auf dem Kopf eines Nashorns bestehen aus demselben Material wie deine Haare. Sie können länger als 1 m werden. Der Rekord liegt bei 1,38 m! Weil viele Menschen irrtümlich glauben, dass diese Hörner eine Zaubermedizin sind, wurden viele Nashörner getötet. Heute sind Nashörner sehr selten und stehen unter besonderem Schutz.

675. Antwort c) ist richtig. Gaukler sind große, schwarz-weiße Raubvögel mit rotem Schnabel und einer Flügelspannweite von fast 2 m. Sie sind fantastische Flugkünstler und können in der Luft um ihre eigene Achse rollen, Saltos schlagen und pfeilschnell im Sturzflug herabsausen.

676. Antwort c) ist richtig. Nashörner sind stark kurzsichtig und erkennen nur Gegenstände und Lebewesen, die ihnen ganz nah sind. Sie können aber sehr gut hören und riechen. Sie greifen sofort an, wenn sie sich bedroht fühlen. Alle Raubtiere fürchten ihre ungeheure Kraft und die gefährlich spitzen Hörner.

677. Antwort a) ist richtig. Bei der Geburt bleibt die Giraffenmutter stehen. Deshalb plumpst das Kleine aus mehr als 2 m Höhe zu Boden. Schon bald danach rappelt es sich auf und trinkt Milch bei seiner Mutter.

678. Antwort c) ist richtig. Der Anführer einer Gruppe von Steppenpavianen weiß genau, wo die besten Futter- und Wasserstellen sind. Er weiß auch, wo sich im Untergrund Wasser befindet. Dort graben die Paviane Löcher in den Boden und warten darauf, dass sich darin das Grundwasser sammelt. So finden sie auch in der Trockenzeit stets ausreichend Trinkwasser.

679. Antwort a) ist richtig. Obwohl die Klippschliefer nur so groß wie Hasen sind, sind sie die nächsten Verwandten der Elefanten. Sie leben in kleinen Gruppen in Felsen, die es auch in der Savanne gibt. Bei Gefahr verschwinden sie blitzschnell in Felsspalten. Erst wenn die Luft wieder rein ist, suchen sie nach Gräsern und frischen Blättern.

Echse, Erdferkel & Elefant

680. Antwort b) ist richtig. Nachts geht das Erdferkel, das so ähnlich wie ein Schwein mit langen Tütenohren und Känguruschwanz aussieht, auf Jagd nach Ameisen und Termiten. Mit seinen scharfen Krallen öffnet es deren Baue und leckt die kleinen Insekten mit seiner klebrigen Zunge auf.

681. Antwort a) ist richtig. In nur 5 Minuten buddelt das Erdferkel einen Gang von 1 m Länge in den Erdboden. Es verschläft den Tag in seiner Erdhöhle, von der aus zahlreiche schmale Röhren zu den Ausgängen führen. In verlassenen Bauen von Erdferkeln wohnen oft andere Tiere wie Warzenschweine oder Wildhunde.

682. Antwort b) ist richtig. „Känguru" heißt in der Sprache der Ureinwohner Australiens, der Aborigines, „ich verstehe nicht". Das nämlich antworteten sie, als sie von europäischen Siedlern nach dem Namen des merkwürdigen Tieres gefragt wurden.

683. Antwort a) ist richtig. Dromedare können sehr lange Zeit ohne Wasser auskommen. Erreichen sie dann eine Wasserstelle, trinken sie in nur 10 Minuten 100 l Wasser. Stoppe einmal die Zeit, die du brauchst, um 1 l Wasser zu trinken. Dann kannst du die Leistung des Kamels noch besser verstehen.

684. Antwort b) ist richtig. Senegal-Flughühner bauen ihre Nester in bis zu 40 km Entfernung von Wasserlöchern. Sie transportieren auf originelle Weise Wasser dorthin: Das Brustgefieder der Männchen saugt sich beim Schwimmen voll mit Wasser. Wenn die Männchen im Nest angekommen sind, saugen es die Jungen aus dem Federkleid.

685. Antwort c) ist richtig. Wenn die jungen Skorpione aus den Eiern geschlüpft sind, werden sie auf dem Rücken der Mutter getragen. Die starken Scheren des Muttertiers und ihr tödlicher Stachel bieten dem Nachwuchs ausreichend Schutz.

686. Antwort c) ist richtig. Die Eisbärjungen kommen im Winter in einer Eis- oder Schneehöhle zur Welt, die ihre Mutter gegraben hat. Dort verbringen sie die ersten 4 Monate ihres Lebens.

687. Antwort b) ist richtig. Wenn sich ein Eisbär auf seine Hinterbeine stellt, misst er bis zu 2,8 m. Große männliche Tiere wiegen bis zu 1.000 kg — das ist so viel wie ein großes Auto.

688. Antwort a) ist richtig. Eisbären ernähren sich hauptsächlich von Seerobben und Fischen. Sie können vorzüglich tauchen und sind gefürchtete Unterwasserjäger.

689. Antwort b) ist richtig. Pinguine leben ausschließlich auf der Südhalbkugel rund um den Südpol. Die meisten Arten besiedeln die Küstenregionen der Antarktis, die Inseln im Südpolarmeer und die Südspitze von Südamerika.

690. Antwort a) ist richtig. Pinguine schlagen unter Wasser mit ihren zu Paddeln umgebauten Flügel wie andere Vögel beim Fliegen in der Luft. Daher „fliegen" Pinguine durchs Wasser.

691. Antwort b) ist richtig. Brillenpinguine können ihre beiden Augen unabhängig voneinander bewegen. Sie können mit Leichtigkeit mit dem einen Auge nach links und mit dem anderen gleichzeitig nach rechts schauen. So haben sie einen hervorragenden Überblick.

692. Antwort a) ist richtig. Eisbären lauern oft stundenlang an den Eislöchern auf Robben, die dort zum Luftholen auftauchen. Ihr dichtes Fell und die Fettschicht unter der Haut hält sie warm. Erscheint eine Robbe im Wasserloch, tötet der Eisbär sie mit einem Schlag seiner mächtigen Tatze und zieht sie mit den scharfen Krallen an Land. Zuerst frisst er Haut und Fett, dann das Fleisch.

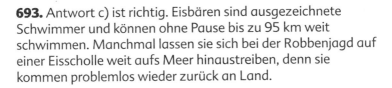

Robbe, Rentier & Regenpfeifer

693. Antwort c) ist richtig. Eisbären sind ausgezeichnete Schwimmer und können ohne Pause bis zu 95 km weit schwimmen. Manchmal lassen sie sich bei der Robbenjagd auf einer Eisscholle weit aufs Meer hinaustreiben, denn sie kommen problemlos wieder zurück an Land.

694. Antwort a) ist richtig. Der Kaiserpinguin ernährt sich von Fischen, die er bei seinen langen Tauchgängen erbeutet und gleich unter Wasser als Ganzes verschluckt.

695. Antwort c) ist richtig. Bei den Kaiserpinguinen brüten das Weibchen und das Männchen die Eier abwechselnd aus. Zuerst ist das Männchen dran, während sich das Weibchen bei langen Tauchgängen satt frisst. Nach einigen Wochen wechseln sich die beiden ab und das mittlerweile abgemagerte Männchen geht auf die Jagd.

696. Antwort a) ist richtig. Die Kaiserpinguine haben eine spezielle Hautfalte zwischen den Beinen, in der sie das Ei warm halten. Außerdem liegt es auf ihren breiten Schwimmfüßen. Daher kann das brütende Elternteil auch herumlaufen oder sich so drehen, dass bei einem Sturm der kalte Wind dem Ei nichts anhaben kann.

697. Antwort c) ist richtig. Wenn Kaiserpinguine auf Nahrungssuche gehen, lassen sie ihre Jungen bei anderen erwachsenen Pinguinen. Diese passen wie die Erzieherinnen im Kindergarten auf die Kleinen auf.

698. Antwort c) ist richtig. Das Walross der Arktis kann bis zu 50 l Luft einatmen und in besonderen Taschen im Rachen halten. Beim Schwimmen dient es ihm als Auftriebshilfe. Das Walross-Männchen kann durch diese luftgefüllten Blasen während der Fortpflanzungszeit laut schreien, um Weibchen anzulocken.

699. Antwort b) ist richtig. Eisbären können keine Pinguine fressen, weil beide unterschiedliche Lebensräume bewohnen: Eisbären leben in der Arktis auf der Nordhalbkugel und Pinguine in der Antarktis rund um den Südpol.

700. Antwort b) ist richtig. Beim Rentier tragen Männchen und Weibchen ein Geweih, bei allen anderen Hirschverwandten wie Elch, Reh oder Hirsch sind nur die Männchen Geweihträger.

701. Antwort c) ist richtig. Die Sturmvögel in der Antarktis verteidigen ihr Nest, indem sie ein übel riechendes Öl bis zu 2 m weit ausspeien. Der unangenehme Geruch hält Störenfriede wie Raubmöwen von den Eiern fern.

702. Antwort b) ist richtig. Lemminge vermehren sich sehr stark und müssen sich deshalb alle paar Jahre neue Lebensräume suchen. Wanderungen in großen Massen hingegen finden meist nur alle 30 Jahre statt. Dann stehen die Tiere unter großem Stress und es kommt oft zu dramatischen Unfällen. Die Tiere können dann z.B. die Gefahr einer Klippe nicht mehr richtig abschätzen und stürzen sich massenweise in die Tiefe.

703. Antwort c) ist richtig. Der Schneehase hat im Sommer ein braunes Fell. Im Sommer sind die weißen Haare kürzer als die dunklen. Wenn es kalt wird, wachsen die weißen Haare und überragen die dunklen. Der Schneehase ist dann weiß!

704. Antwort c) ist richtig. Bis zu 30 km legen die Adéliepinguine von ihren Jagdgründen im Südpolarmeer zu ihren Brutplätzen zurück. Den südlichen Winter verbringen sie weit draußen auf dem Meer und kehren im September und Oktober zu ihren traditionellen Brutplätzen an Land zurück. Dort brüten sie ihre Eier aus und ziehen die Jungen groß.

705. Antwort b) ist richtig. Der Kaiserpinguin ist die größte Pinguinart und wird bis zu 1,2 m groß. Das entspricht der Größe eines etwa 7-jährigen Kindes. Erwachsene Tiere wiegen durchschnittlich 30 kg.

706. Antwort b) ist richtig. Meistens traben die Eisbären gemächlich über das Eis, sie können aber auch bis zu 40 km/h schnell laufen. So schnell rennt kein Mensch!

707. Antwort a) ist richtig. Es gibt nur 18 verschiedene Arten von Pinguinen, die zwischen 40 und 120 cm groß sind. Die kleinsten wiegen nur 2 kg, während der größte Kaiserpinguin bis zu 30 kg schwer ist. Der Galapagos-Pinguin ist die Art, die am weitesten nördlich lebt, denn die Galapagos-Inseln liegen fast am Äquator.

708. Antwort b) ist richtig. In den kalten Meeren rund um Arktis und Antarktis leben die meisten Tiere — Fische, Robben, Wale und Pinguine. Denn hier gibt es große Mengen an Nahrung. Selbst die großen Wale kommen dorthin, um sich an den massenhaft vorkommenden Krillgarnelen richtig satt zu fressen.

709. Antwort c) ist richtig. Bis zu 3.000 Muscheln frisst ein großes Walross täglich, dazu noch jede Menge Fische. Mit den weichen Nasen- und Schnurrhaaren tastet es am Meeresboden nach Muscheln.

710. Antwort c) ist richtig. Mit ihren großen, vorstehenden Schneidezähnen sägen die Weddellrobben Atemlöcher ins Eis. Bei älteren Tieren sind die Schneidezähne vom langjährigen Eisbohren stark abgenutzt. Taugen sie nicht mehr als Meißel, können die Robben ertrinken.

711. Antwort b) ist richtig. Temperaturen von minus 20 Grad überleben Kaiserpinguine ohne Probleme. Oft sind die Vögel tagelang eisigen Stürmen ausgesetzt, die die Temperatur deutlich nach unten treiben. Mit ihrer dicken Fettschicht unter der Haut bleiben die Tiere jedoch warm.

712. Antwort a) ist richtig. Auch Polarfuchs und Hermelin tauschen wie der Schneehase, die Schnee-Eule und das Schnee-Huhn im Winter ihr bräunliches Fell- oder Federkleid gegen ein weißes aus. So sind sie bestens vor räuberischen Feinden oder beim Anpirschen an Beutetiere getarnt.

713. Antwort b) ist richtig. Die skandinavischen Rentierherden ziehen im Frühling aus den Wäldern in die Tundra. Dabei legen sie 1.000 km und mehr zurück. Die Tundra ist im Sommer so nahrhaft wie die Almen in den Bergen.

714. Antwort c) ist richtig. Eisbären können ausgezeichnet riechen. Den an die Küste geschwemmten Kadaver eines toten Wals können sie bis zu 30 km weit riechen. Dann eilen sie rasch dorthin und fressen sich satt.

715. Antwort c) ist richtig. Der Kaiserpinguin kann bis zu 260 m tief tauchen, so tief wie kein anderer Vogel. In diesen Tiefen ist es sehr dunkel und der Druck ist fast 30-mal so groß wie an der Wasseroberfläche.

716. Antwort b) ist richtig. Beim langen Tauchen ist die Haut des Walrosses nur wenig durchblutet, um keine Wärme zu verlieren. Sonnen sich die Tiere, sieht die nun stark durchblutete Haut rosig aus — fast so, als ob sie verbrannt wäre.

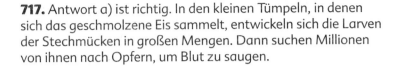

717. Antwort a) ist richtig. In den kleinen Tümpeln, in denen sich das geschmolzene Eis sammelt, entwickeln sich die Larven der Stechmücken in großen Mengen. Dann suchen Millionen von ihnen nach Opfern, um Blut zu saugen.

718. Antwort b) ist richtig. Im Winter schließen sich Polarfüchse zu kleinen Gruppen zusammen und jagen gemeinsam auch größere Beutetiere. Wenn sie nicht gleich alles fressen können, vergraben die Füchse die Reste im Schnee. Dort bleibt das Fleisch frisch wie in einem Kühlschrank.

719. Antwort c) ist richtig. Der Regenpfeifer lässt seinen Flügel so herabhängen, als ob er nicht mehr fliegen könnte, und entfernt sich von seinem Nest. Ein Hermelin oder anderes Raubtier vermutet in dem Vogel eine leichte Beute und lässt sich weglocken. Ist der Vogel weit genug vom Nest entfernt, fliegt er einfach davon.

720. Antwort a) ist richtig. Mit einer Haarlänge von 90 cm haben die Moschusochsen das längste Fell unter allen Tieren. Es wärmt sie ausreichend an kalten, stürmischen Tagen in der Tundra. In der Paarungszeit riechen die Männchen streng nach Moschus, einem auch von Menschen begehrten Duftstoff.

721. Antwort b) ist richtig. Moschusochsen sind, obwohl ihr Name an Rinder erinnert, mit Ziegen und Steinböcken verwandt. Mit ihren breiten, großen Hufen sinken die bis zu 2,5 m langen Tiere nicht im Schnee ein.

722. Antwort a) ist richtig. Bis zu 75 Minuten lang können Weddellrobben tauchen, ohne Luft zu holen. Dabei erreichen sie bei ihrer Jagd nach Fischen und Tintenfischen Tauchtiefen von bis zu 600 m.

723. Antwort c) ist richtig. 2 Jahre lang trinkt ein Eisbärenbaby Milch von seiner Mutter. Doch nur in den ersten Lebenswochen ernährt es sich ausschließlich von Milch. Bald versorgt die Mutter die Kleinen auch mit Fleisch. Erst im Alter von 3 Jahren verlassen die Jungen ihre Mutter und leben allein.

724. Antwort a) ist richtig. Ohne Schlittenhunde gäbe es vielleicht heute keine Inuit mehr. Mühelos zieht ein Hundegespann viele Stunden am Tag den Schlitten, selbst bei eisiger Kälte. Auf der Jagd verfolgen die Hunde das Wild und schützen die Menschen vor Eisbären.

725. Antwort b) ist richtig. Mit einem Gewicht von fast 4 t und einer Länge von 5 m ist der See-Elefant der größte und schwerste Vertreter der Robben. Er lebt rund um den Nordpol. Von den zahlreichen Kämpfen ist die Haut der Männchen mit Narben übersät.

726. Antwort b) ist richtig. Neben dem Schwertwal zählt der See-Leopard zu den gefährlichsten Jägern am Südpol. Mit großer Schnelligkeit erbeutet er Pinguine und ihre Jungen. Besonders, wenn die jungen Pinguine zum ersten Mal ins Wasser gehen, hat diese Robbe leichte Beute: Neun von zehn Angriffen verlaufen für den Jäger erfolgreich.

727. Antwort a) ist richtig. Mit ihren bis zu 75 cm langen Stoßzähnen ziehen sich Walrosse aus dem Wasser aufs Eis. Die Männchen setzen die langen Hauer auch bei Kämpfen mit Rivalen ein und können dem Gegner damit tiefe Wunden zufügen.

728. Antwort c) ist richtig. Werden Moschusochsen angegriffen, stellen sie sich zu einem engen Verteidigungskreis auf und richten ihre dicken Köpfe mit den starken Hörnern nach außen. Sollte ein Wolf tatsächlich angreifen, schleudert ihn das nächststehende Tier mit seinen Hörnern durch die Luft.

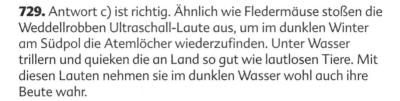

Robbe, Rentier & Regenpfeifer

729. Antwort c) ist richtig. Ähnlich wie Fledermäuse stoßen die Weddellrobben Ultraschall-Laute aus, um im dunklen Winter am Südpol die Atemlöcher wiederzufinden. Unter Wasser trillern und quieken die an Land so gut wie lautlosen Tiere. Mit diesen Lauten nehmen sie im dunklen Wasser wohl auch ihre Beute wahr.

730. Antwort c) ist richtig. In den ersten beiden Lebenswochen der Jungen reicht es noch, wenn das Fuchsmännchen dem Weibchen und ihren Jungen 30—50 Lemminge täglich bringt. Dann muss die Füchsin bald mitjagen und die Familie verzehrt täglich rund 100 Lemminge.

731. Antwort c) ist richtig. Die größten Rentierherden bestehen aus rund 1 Million Tieren, kleinere umfassen immerhin noch 100.000—300.000 Tiere! In solch großen Herden finden Rentiere den besten Schutz vor feindlichen Wölfen.

732. Antwort b) ist richtig. Mit einer Schulterhöhe von nur 1,8 m waren die letzten Zwergmammute so groß wie ein Pferd. Sie starben zu der Zeit aus, als am Nil in Ägypten die Pharaonen herrschten.

733. Antwort c) ist richtig. Rentiere und Karibus scharren mit den Hufen den Schnee beiseite, um an Moose und Flechten zu gelangen. Ihr Geweih setzen sie dazu selten ein. Wer das größte Geweih trägt, darf allerdings als Erster die ergiebigsten Futterstellen abweiden.

734. Antwort a) ist richtig. Mit einer Länge von rund 15 cm ist ein Lemming so groß wie ein Goldhamster. Er ist die Hauptbeute vieler Fleischfresser in der Tundra, wie Polarfuchs, Wolf, Iltis, Schnee-Eule, Raufußbussard und Raubmöwe. Selbst Eisbären und Rentiere machen Jagd auf das kleine Nagetier.

735. Antwort a) ist richtig. Rentiere sind schnelle Läufer. Schon im Alter von 1 Tag kann ein Rentierkalb einem Menschen mühelos davonlaufen. Wölfe schütteln die Tiere durch einen kurzen Galopp mit rund 80 km/h mühelos ab.

736. Antwort c) ist richtig. Nur einer von vier Angriffen führt bei Wölfen zum Erfolg und endet damit, dass sie ein Beutetier getötet haben. Die meisten Jagdzüge enden mit der Flucht der Beute. In der Not jagen sie auch kleine Säugetiere oder fressen gefrorene Tierkadaver.

737. Antwort b) ist richtig. Noch im frühen Mittelalter lebten Elche bei uns. Wölfe und die sich immer mehr in Dörfern und Städten ausbreitenden Menschen verdrängten die Elche langsam nach Norden.

738. Antwort c) ist richtig. In einer Sommerwoche verliert ein Rentier bis zu 1 l Blut an blutsaugende Mücken und Fliegen. Es sucht letzte Schneereste auf, um sich von den lästigen Insekten zu befreien, oder stellt sich ganz eng mit den anderen Tieren der Herde zusammen. So werden die Tiere in der Mitte weniger geplagt.

739. Antwort c) ist richtig. Der Vielfraß oder Bärenmarder ist ein ungeschickter Jäger und ernährt sich hauptsächlich vom Fleisch toter Tiere. Da diese selten zu finden sind, muss er im Winter weite Wanderungen zurücklegen, um satt zu werden.

740. Man nimmt an, dass Wölfe sich im Kot anderer Tiere wälzen, um während der Jagd nicht nach Wolf zu riechen und so von ihren Beutetieren nicht wahrgenommen zuwerden.

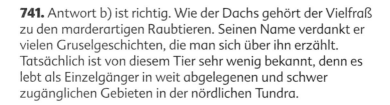

Robbe, Rentier & Regenpfeifer

741. Antwort b) ist richtig. Wie der Dachs gehört der Vielfraß zu den marderartigen Raubtieren. Seinen Name verdankt er vielen Gruselgeschichten, die man sich über ihn erzählt. Tatsächlich ist von diesem Tier sehr wenig bekannt, denn es lebt als Einzelgänger in weit abgelegenen und schwer zugänglichen Gebieten in der nördlichen Tundra.

742. Antwort a) ist richtig. Ein Wolfsrudel besteht meist aus nur 8–10 Tieren, dem Leitwolf und der Leitwölfin, einigen ausgewachsenen Tieren sowie den jungen Wölfen. Nur in Gebieten, wo Wölfe mächtige Beutetiere wie Elche oder Bisons jagen können, leben auch 20 Tiere und mehr in einem Rudel.

743. Antwort b) ist richtig. Rund 15 kg Blätter und Zweige von Weiden, Birken, Pappeln und Espen benötigt ein Elch jeden Tag. Deshalb muss er fast ununterbrochen fressen. Im Sommer äst er auch im Wasser stehend Wasserpflanzen und taucht seinen Kopf unter, um an deren Stiele und Wurzeln zu gelangen.

744. Antwort a) ist richtig. Bis vor 12.000 Jahren lebte das Wollhaarmammut in der Tundra. Mit einer Schulterhöhe von 3,5 m war es so groß wie heutige Asiatische Elefanten. Ein dichtes schwarzes Haarkleid bedeckte den Körper.

745. Antwort b) ist richtig. Bis zu 15 kg wiegt das Geweih eines Rentiers und es misst von einem Ende zum anderen bis zu 2 m. Die Geweihe der Männchen sind kräftiger und größer als die der Weibchen.

746. Antwort c) ist richtig. Bis zu 40 kg Fleisch frisst ein Wolf an einem Tag. So kann er die nächsten 2 Wochen überleben, auch wenn er keine Beute macht. Der Wolf verschluckt große Fleischbrocken unzerkaut an einem Stück. Damit es besser rutscht, feuchtet er zuvor das Fleisch mit seinem Speichel an.

747. Antwort b) ist richtig. Während die Wölfe jagen, bleiben die Welpen des Rudels bei einem erwachsenen Wolf zurück. Kommen die Tiere von der Jagd zurück, betteln die Kleinen so lange um Futter, bis die Altwölfe ihren Mageninhalt vor ihnen auswürgen. Sofort stürzen sich die Welpen auf das dampfende Futter und verschlingen es.

748. Antwort a) ist richtig. Mit Leichtigkeit knackt das Gebiss des Vielfraßes die Knochen von Huftieren und schneidet sich durch tiefgefrorenes Fleisch und Fell. Seine Magensäure ist so stark, dass sie ganze Knochen oder Hufe auflösen und verdauen kann.

749. Antwort c) ist richtig. Seeotter schlafen im eiskalten Meerwasser und lassen sich einfach an der Wasseroberfläche treiben. Selbst die Jungen kommen häufig im Wasser zur Welt. Weil Seeotter aufgenommenes Salz ausscheiden, können sie ohne Probleme Meerwasser trinken.

750. Antwort b) ist richtig. Unermüdlich ist der stärkste See-Elefant am Strand darum bemüht, dass sich kein anderes Männchen seinen Weibchen nähert. Der so genannte Strandmeister legt sich mit seinem Harem aus 30—40 Weibchen in die Mitte des Strandes. Die schwächeren Bullen müssen am Rand bleiben.

KOSMOS

Wissen zum Quizzen!

Tierspuren
ISBN 978-3-440-10276-3

Pferde und Ponys
ISBN 978-3-440-10272-5

Welche Spuren hinterlässt eine Ringelnatter? Wie klein ist das kleinste Pony der Welt? Warum leuchten Glühwürmchen? Die richtige Antwort zeigt dir der Spiegel! So kannst du allein oder mit Freunden spielend die Natur entdecken. Auf zusätzlichen Themenseiten lernst du alles, was ein echter Natur-Entdecker wissen sollte.

In der Reihe sind außerdem erschienen:

- Bäume   ISBN 978-3-440-10277-0
- Gartentiere   ISBN 978-3-440-10275-6
- Singvögel   ISBN 978-3-440-10273-2
- Insekten   ISBN 978-3-440-10274-9
- Sterne & Planeten ISBN 978-3-440-10408-8
- Leben im Wald   ISBN 978-3-440-10409-5

Jeder Band mit 80 Seiten
Je € 5,95; €/A 6,20; sFr 10,70
Preisänderung vorbehalten

www.kosmos.de

KOSMOS

Einfache Antworten auf verblüffende Fragen

Kosmos-Uni für Kinder
Der Islam
ISBN 978-3-440-10188-9

Kosmos-Uni für Kinder
Vom Geld
ISBN 978-3-440-10186-5

Die Kosmos-Uni für Kinder lädt alle jungen Forscher und Entdecker auf eine spannende Lesereise durch die Welt des Wissens ein und gibt auf die vielen Fragen verständliche Antworten!

In der Reihe sind außerdem erschienen:

- Tiere und Pflanzen   ISBN 978-3-440-09892-9
- Das Weltall   ISBN 978-3-440-09889-9
- Vom Fliegen   ISBN 978-3-440-10105-6
- Pferde und Ponys   ISBN 978-3-440-09890-5
- Der Mensch   ISBN 978-3-440-09891-2
- Völker unserer Erde   ISBN 978-3-440-10106-3
- Fußball   ISBN 978-3-440-10189-6

Jeder Band mit 64 Seiten
Je € 6,95; €/A 7,20; sFr 12,40
Preisänderung vorbehalten

www.kosmos.de